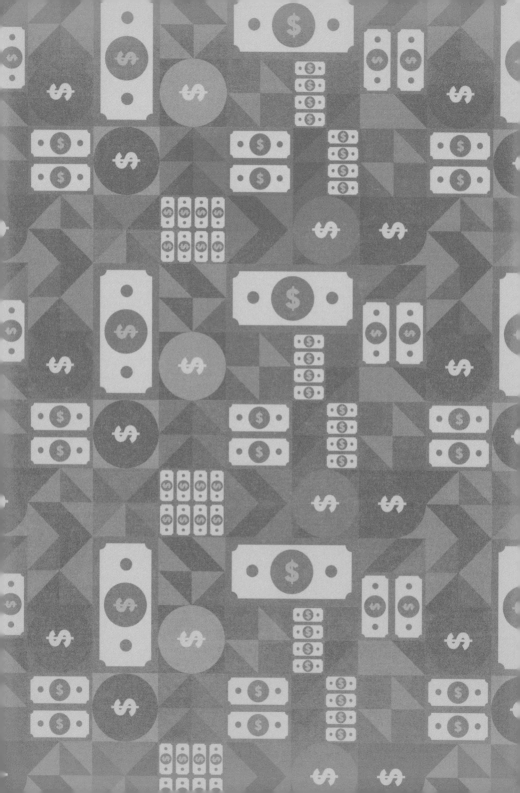

월급쟁이로 시작한
38살 그녀는 어떻게
30억을 벌어
파이어족이 되었을까?

월급, 사업, 저작권, 컨설팅, 부동산, 주식, 자산 운용으로 이어지는

✦ 7 Stages 투자 공부법 ✦

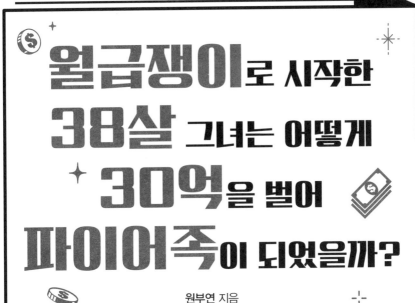

월급쟁이로 시작한 38살 그녀는 어떻게 30억을 벌어 파이어족이 되었을까?

원부연 지음

카시오페아
Cassiopeia

38살, 0원에서 30억을 모으기까지

—————• 자산가들은 어떻게 돈을 모았을까?

수많은 자산가나 투자 전문가의 책을 볼 때마다 그들이 주는 정보보다는 어떻게 지금까지 그만 한 자산을 축적해왔는지 솔직한 경험담이 더 궁금했다. 5억, 10억, 30억, 50억, 100억 자산가들은 부의 단계마다 어떻게 돈을 모았을까? 어떤 생각을 갖고 방향 설정을 했을까? 그 과정은 순탄하기만 했을까? 어떤 지점이 어려웠을까? 그저 운만 좋았을까? 어떤 노력을 해왔을까? 나는 이런 비하인드 스토리가 알고 싶었다. 하지만 책에 실린 대부분의 내용은 투자에 관한 전반적인 정보 위주일 뿐, 본인의 경험담을 솔직하게 들려줄 자산가를 찾기는 쉽지 않았다.

마침 지인 중에 70억 자산가가 있어 자산 증식 과정을 깊게 물어본 적이 있다. 그는 갭투자로 지방 아파트 50채 이상을 보유하고 있었다. 왜 아파트에만 투자하느냐고 묻자 그는 예측이 가능하다는 장점을 꼽았다. 수년간 투자 모임에 참여하며 다양한 자산을 경험해봤는데 자신에게 맞는 투자처가 부동산임을 깨달았다고 했다. 그는 자산 증식에 대한 관심이 사회 초년생 때부터 시작되었다고 했다. 반지하 월세에서 사회생활을 시작하며 돈이 많은 사람들의 생각이 궁금해진 것이다. 이윽고 무엇이든 행동을 취해보자 결심했고, 지인의 추천으로 투자 모임에 참여한 게 그의 인생을 바꿨다.

나는 이런 이야기들이 궁금했다. 자산가들이 어떻게 지금의 부를 쌓게 되었는지 구체적으로 알고 싶었다. 왜 여러 투자처 가운데 부동산 투자를 선택했는지, 어떤 계기로 자산에 관심을 가지게 됐는지, 첫 부동산을 살 때 대출은 얼마였고 팔 때 고민한 지점은 무엇이었는지, 자산을 증식하게 된 결정적인 모멘텀이 있었는지 등 세부적이고 경험적인 정보들 말이다. 하지만 자산가들은 정말 친하지 않은 이상, 이런 이야기를 잘 들려주지 않았다. 대다수는 그저 현재의 결과를 자신 있게 보여준 후 앞으로의 비전을 전할 뿐이었다.

그래서 나는 생각했다. '한국의 평범한 월급쟁이가 자산을 모으기까지의 과정을 솔직하게 이야기해주는 '경험 에세이'가 있다면 어떨까?' 회사를 다니며 얼마의 돈을 모았고, 커리어 변화에 따른 돈 관리나 투자는 어떻게 했으며, 어떤 과정을 통해 자산을 이루게 되었는지에 대한 생생한 경험담 말이다. 이 생각이 바로 내가 이 책을 쓰기로 결심한 결정적 이유다.

──→ '부의 성장'에 대한 중요성을 깨닫다

내가 이 책을 쓰기로 결심한 이유는 크게 두 가지다. 첫째, 근로소득으로 종잣돈을 모은 봉급생활자도 충분히 자산을 증식할 수 있음을 알려주고 싶어서다. 둘째, 자산이 불어나는 과정에서 얻은 '돈의 속성'에 대한 깨달음을 경험자로서 생생하게 전해주기 위해서다. 이 두 가지 이유는 곧 이 책의 핵심 메시지이기도 하다.

밀레니얼 세대 끝자락인 나는 대한민국을 휩쓸었던 경제 불황, 이를테면 1998년 IMF 사태, 2008년 미국발 금융 위기 등의 여파를 직간접적으로 경험하며 성장했다. 그렇기 때문에 돈 문제가 불러일으키는 두려움과 어려움이 무엇인지 어렴풋이 알고 있었다. 그러나 다들 알다시피 대한민국 교육 체계 속에서 '자본주의 사회에 필요한 돈 공부'는 제대로 이루어지지 않는다. 나 역시 오직 좋은 대학, 좋은 직장에 들어가는 것이 전부인 줄로만 알고 자랐다. 그런 상태로 졸업을 하고 사회생활을 시작하니 자연스레 돈을 모으고 늘려가는 방법을 모를 수밖에 없었다. '대출'이니 '자본'이니 하는 단어들 또한 나와 상관없는 말 같았다. 방법을 모르니, 그저 처음에는 월급에서 꽤 많은 부분을 떼어 저축하는 것이 내가 할 수 있는 최선이었다.

뭘 몰라서 그렇게 시작하긴 했지만, 시간이 지난 후 되돌아보니 사회 초년생 시절 적지 않은 돈을 저축했던 것은 좋은 방법이었다. 자산을 늘리는 방법을 운동에 비유하자면, 자산 증식의 씨앗이 되는 목돈(종잣돈)은 기초 체력이고, 자산을 확장시키는 과정은 근력을 점차 키워가는 과정과 같다. 기초 체력이 없으면 근력을 키우는 단계로 넘어갈 수 없다. 즉, 1인당 최소 1억 원의 목돈이 모여야 그 이후에 의미 있는 자산 확장이 가능하다. 기초 체력이 다져지지 않은 상태에서 곧장 고난도의 근력 운동을 할 수 없는 원리다.

기초 체력이 만들어졌다면, 그때부터는 방향 설정이 중요하다. 다시 운동의 비유로 돌아가보자. 건강을 해치지 않으면서도 멋진 몸을 만들고 싶다면, 식단 조절부터 신체 부위별 적절한 근력 운동을 계획적으로 실행해야 한다. 자산 증식 과정도 마찬가지다. 어떤 수단을 활용해 자산을 늘릴 것인지에 대한 나만의 기준과 방식을 설정하고 꾸준히 실행해나가야 한다.

지난 15년간 나는 근로소득과 사업소득, 자본소득 등 돈을 버는 세 가지 방법을 모두 거치며 부의 성장을 극적으로 경험했다. 근로소득을 통해 종잣돈을 모았고, 사업소득을 통해 자산과 부채 등 돈의 개념을 이해하기 시작했으며, 자본소득을 통해 나름의 자산 성장을 이루었다. 특히 투자를 시작하면서부터는 자본이 늘어나는 속도에 대해서도 새롭게 경험할 수 있었다.

이를테면, 근로소득으로 월급이 2배가 되기까지는 무려 8년이 넘는 시간이 걸렸다. 하지만 부동산 투자 등 레버리지(타인의 자본을 지렛대처럼 이용하여 자기자본의 이익률을 높이는 일)를 활용하자 단기간에 억 단위로 자산이 증가하는 경험을 하게 되었다. 자산이 늘어나는 속도는 월급이 2배가 되는 속도와는 비교할 수 없을 정도로 빨랐다. 이와 같은 끝없는 시도와 경험을 통해 나는 마흔 살이 되기 전에 '30억 자산'이라는 나만의 결과치를 만들게 되었다.

———• '근로소득, 사업소득, 자본소득'을 모두 경험하다

조금 더 구체적으로 나의 자산 증식 과정을 개괄하자면 이렇다. 근로소득을 통해 내 나름의 종잣돈을 모으는 데 걸린 시간은 총 94개월이었다(2006년 9월 입사~2014년 6월 퇴사). 회사를 다녔던 대부분의 시간 동안 나는 근로소득, 즉 '월급 노예'가 최고라고 생각

했다. 매달 정해진 날 통장에 또박또박 찍히는 월급이 가장 값지다고 여겼다. 언제 얼마가 들어올지를 알기에 힘든 회사생활도 월급날을 생각하면 견딜 만했다.

당시 나와 남편은 월급이 유일한 소득이었기에 도합 15년 이상 봉급생활자로 산 뒤에야 2억 6천만 원이라는 목돈을 모을 수 있었다. 1인당 평균 1억 3천만 원의 종잣돈을 모은 셈이다. 직장생활을 2006년부터 시작한 내가 2014년 퇴사 시점까지 1억 9천만 원 정도를 모았다. 취업이 나보다 늦은 남편은 그때까지 7천만 원 정도를 모았다.

퇴사 후 나의 수입은 근로소득에서 사업소득으로 변했다. 2014년 7월 나만의 가게를 창업한 이래, 2021년 5월까지 여러 공간을 운영하는 사업가로 활동했기 때문이다. 근로소득에서 사업소득으로의 변화는 엄청난 일이었다. 일이 많든 적든 똑같은 월급을 받던 삶이 180도 달라졌다. 월급을 받을 때보다 더 많은 돈이 들어오기 시작했고, 근로소득자일 때보다 운용하는 돈의 규모 또한 엄청나게 커졌다. 물론 지출하게 되는 돈의 규모도 월급쟁이 시절과는 비교할 수 없었다.

사업을 운영하다 보니 자본소득에도 차츰 관심을 갖게 되었다. 사업을 하면 기대만큼 매출이 오르지 않을 때도 있고, 대출을 알아봐야 할 때도 있어서다. 신용대출이 쉽지 않았기에 다른 소득에 관심을 가질 수밖에 없었다. 자연스레 자본 투자를 고려했고, 소액이라도 부동산을 사둬야겠다는 생각이 들었다. 이후 소형 오피스텔 4채를 구입한 일을 계기로 자본소득의 속성을 배워갔다.

부동산으로 자산 확장을 시작하면서 비교적 적은 돈으로 오피스텔에 투자해 월세도 받아보고, 레버리지를 이용해 다가구주택을 매수하기도 했다. 전세 갭투자를 통해 아파트도 구입할 수 있었다. 여러 차례 매수 과정을 거치다 보니 매수보다 더 중요한 게 매도라는

자산의 규모 : 누적 자산 기준

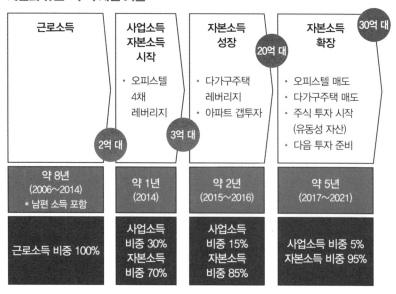

근로소득	사업소득 자본소득 시작	자본소득 성장	자본소득 확장
	• 오피스텔 4채 레버리지	• 다가구주택 레버리지 • 아파트 갭투자	• 오피스텔 매도 • 다가구주택 매도 • 주식 투자 시작 (유동성 자산) • 다음 투자 준비
	2억 대	3억 대	20억 대 / 30억 대
약 8년 (2006~2014) *남편 소득 포함	약 1년 (2014)	약 2년 (2015~2016)	약 5년 (2017~2021)
근로소득 비중 100%	사업소득 비중 30% 자본소득 비중 70%	사업소득 비중 15% 자본소득 비중 85%	사업소득 비중 5% 자본소득 비중 95%

▲ 나의 '자산 성장 흐름'. 근로소득에서 자본소득으로 옮겨갈수록 자산이 늘어나는 속도가 빨라졌다.

걸 깨달았다. 물론 여기에는 최근 부동산 규제가 심해진 영향도 컸다. 부동산을 매도하며 현금 자산이 생겼고, 이를 바탕으로 주식 등 투자 영역을 한층 더 넓혀갈 수 있었다.

이런 흐름을 쌓아가다 보니 나만의 부의 성장을 경험하게 되었다. 근로소득부터 사업소득, 자본소득의 과정을 거치며 나름의 성장 패턴이 생긴 것이다. 덕분에 나만의 자산 증식 사이클을 완성할 수 있었다. 그리고 이 패턴은 향후 투자 계획에 있어서도 유의미한 가이드라인이 되어주었다.

──• 38살, 30억 자산을 달성하고 파이어족을 선언하다

근로소득에서 시작해 사업소득을 거쳐 자본소득에 이르기까지 모든 소득 과정을 경험하고 나자 자본소득의 존재감이 엄청나다는 사실을 알게 되었다. 15년여의 시간을 들여 의미 있는 숫자를 달성하고 나니 경제적 측면에서 어떤 구간의 성장이 완결되었다는 생각도 들었다. 이윽고 나는 주변에 파이어족FIRE族(경제적 자립을 통해 빠른 시기에 은퇴한 사람. 'FIRE'는 'Financial Independence, Retire Early'의 줄임말)이 되겠다고 선언했다. 더 이상 일을 하지 않겠다는 말은 아니었다. 다만 돈을 벌기 위한 일은 하지 않겠다는 뜻이었다.

그간 많은 전문가들이 투자에 대해 책을 써왔고, 나 역시 그들의 책을 읽으며 많은 정보와 노하우를 얻었다. 그러면서도 한편으로는 거시적인 이야기가 아닌, 그들이 자산을 어떻게 모았는지, 그 액수는 얼마에서 시작해 얼마까지 늘어났는지, '진짜배기' 경험담을 듣고 싶었다. 하지만 그런 책은 찾기 쉽지 않았고, '그렇다면 내가 해보자' 하는 마음을 먹게 된 것이다.

나의 경우, 15년간 30억이라는 자산을 달성했다. 여느 직장인들처럼 근로소득으로 종잣돈을 모았고, 그렇게 모은 1억 대의 돈으로 투자를 시작했다. 자산이 늘어나는 데에는 상당한 노력과 함께 운도 따랐다. 운 역시 수많은 시도와 시행착오가 있었기에 가능한 결과였다. 지난 15년간 자산을 증식하는 과정에서 가장 깊이 깨달은 바가 있다면, 노력 없이 버는 돈은 없다는 사실이다. 돈을 버는 과정(과 번 돈을 지키는 과정)에는 엄청난 에너지가 소요됨을 절실하게 배웠다.

30억이라는 자산이 누군가에게는 많고, 누군가에게는 적은 돈일수도 있다. 기준이라는 건 상대적이기에 이 책을 읽는 사람의 입장에 따라 다를 것이다. 따라서 30억이라는, 내가 현재 달성한 자산의 규모는 그저 한 개인이 각고의 노력 끝에 얻은 소산 정도로 봐주시면 좋겠다. 이 책을 통해 내가 전달하고 싶었던 것은 30억이라는 결과보다 평범한 개인이 그것을 이루기까지 겪은 다사다난한 과정임을 다시 한번 전한다.

지금은 아무것도 아닌 것 같은 근로소득이 훗날 자산 상승의 곡선을 만들어줄 훌륭한 시드seed가 된다는 사실을, 그렇다고 해서 돈을 버는 방식엔 꼭 월급만 있는 것이 아님을, 봉급생활자도 시간과 정성을 들인다면 어느 정도의 자산을 이룰 수 있음을 나의 솔직한 경험을 통해 전하고 싶었다. 성공의 경험뿐만 아니라 시행착오와 실패의 경험도 고스란히 담았다. 때로는 실수로부터 더 큰 교훈을 얻을 수 있기 때문이다. 내가 겪은 시행착오를 통해 다양한 악재나 변수에도 대비했으면 한다.

앞으로의 본문에서는 각 소득 구간마다 어떻게 부를 축적해갔는지에 대해 더욱 세세한 경험과 데이터를 공개하고자 한다. 독자 분들이 자신만의 자산 증식 목표를 설정하는 데 이 책에 쓰인 나의 경험이 크고 작은 도움이 되길 바란다.

우리 모두의 자산에 행운이 깃들기를 바라며
2022년의 봄날, 원부연

차례

+ PART 4 +
# 돈의 흐름에 올라타다_자본소득 2

[주식]
Stage 6-1 > **유동성 자산에 투자하기**

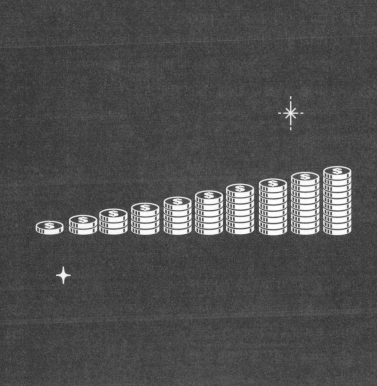

PART 1

목돈을 마련하며
부의 기초 체력을 쌓다
_근로소득

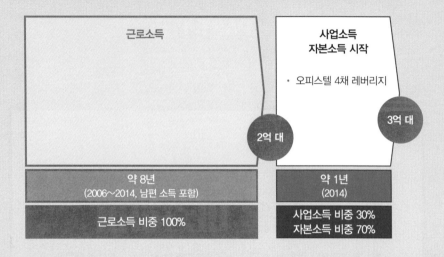

자산의 규모 : 누적 자산 기준

근로소득

사업소득
자본소득 시작

· 오피스텔 4채 레버리지

3억 대

2억 대

약 8년
(2006~2014, 남편 소득 포함)

약 1년
(2014)

근로소득 비중 100%

사업소득 비중 30%
자본소득 비중 70%

　

많은 투자자가 부동산 매수, 주식 투자, 창업 등 돈을 모으기 위한 다양한 방법론을 이야기한다. 하지만 방법을 불문하고 돈을 벌기 위해 꼭 필요한 공통분모가 존재한다. 바로 '종잣돈'이다. 여러 재테크 전문가들 역시 시드 머니의 중요성을 강조한다. 어느 정도 돈이 모여야 그것을 바탕으로 의미 있는 자산 확장이 가능하기 때문이다.

물론 코인 등의 투자 수단을 통해 소위 '대박' 수익을 기록하는 사람들도 있다. 언론을 통해 그런 사례를 듣다 보면 월급을 받는 내 생활이 하찮게 여겨지며 회의감이 들기도 한다. 하지만 이는 결과론적인 이야기일 뿐, 무모한 투자를 통해 이익을 얻는 사람은 극소수임을 기억하자. 건강하게 투자를 계획

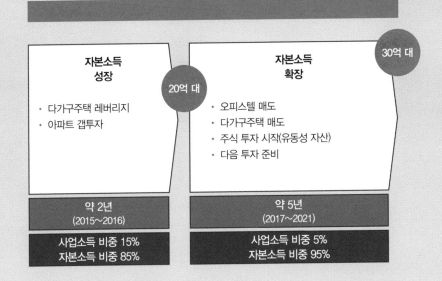

해야 제대로 된 자산 증식이 가능해진다.

대부분의 사람에게 종잣돈을 모으기 위한 가장 좋은 방법은 5년 이상의 시간을 투자해 얻는 '근로소득'이다. 나의 시간과 노동을 담보 삼아 회사에서 일한 대가로 월급을 받는 것이다. 내 경험상 '월급 노예'로 적어도 5년 이상의 시간을 버티고, 1억 이상을 모아야 비로소 의미 있는 시드 머니 확보가 가능해진다.

월급: 모든 종잣돈의 시작

94개월 동안의 봉급생활자 생활

16년 전인 2006년 9월, 광고회사에 입사한 시점으로 돌아가 내가 어떻게 근로소득으로 종잣돈을 모으게 되었는지부터 이야기해볼까 한다. 94개월 동안 나는 '월급 노예'로 살아왔다. '월급 노예'라는 표현이 썩 근사하지는 않지만, 모든 경제적 자유의 시작은 근로소득에서부터 시작할 수밖에 없다. 자산을 늘릴, 의미 있는 시드 머니가 반드시 필요하기 때문이다.

내가 근로소득자로 살아온 기간은 2006년 9월부터 2014년 6월까지, 총 94개월이다. 쉴 틈 없이 일하던 근로소득자 시절에는 아이러니하게도 오히려 돈을 어떻게 모아야 할지에 대해 큰 고민을 하지 않았다. 막연히 무조건 아끼고 저축해야 한다는 생각뿐이었다.

다행히 일이 바빴고 번 돈을 쓸 만한 시간이 부족했던 덕에 월급을 목돈으로 모으는 건 어렵지 않았다. 나는 광고 기획자라는 직업으로 커리어를 시작했다. 각종 미디어에서 비춰지는 모습처럼 광고 회사는 매우 바쁘게 돌아간다. 나의 첫 직장은 '웰콤'이라는 광고회사였는데, 이곳에 입사할 당시 내 나이는 23살이었다. 한 달에 하루 이틀은 회사에서 잘 정도로 야근이 많았고 워라밸은 상상할 수 없는 근무 환경이었다.

첫 회사를 다닐 당시 내 월급은 수당과 인센티브를 포함해 평균 300만 원 정도였다. 적은 돈은 아니었지만, 당시 대기업에 다니며 4천만 원이 넘는 연봉을 받던 친구들과는 비교되는 금액이었다. 친구들에 비해 월급은 적었지만 일이 많았던 회사 덕에 다행히(?) 돈 쓸 시간이 없었다. 독립을 했지만 같은 해 취직한 대학 동기와 함께 살았기 때문에 주거비나 식비 등의 지출도 크지 않았다. 갚아야 할 학자금 대출이 없었던 것도 감사할 일이었다.

사회생활을 한 지 2년이 되었을 무렵, 근로소득으로 번 돈을 어떻게 모으고 쓸지에 대한 나름의 기준을 정하기로 했다. 여담이지만 중·고등 학창 시절에 소소하게 나만의 시스템을 만들어 사업하던 버릇이 있었다. 콘텐츠나 굿즈를 제작해 인터넷 동호회를 통해 판매했는데, 월 20만 원가량의 쏠쏠한 용돈 벌이가 되었다. 그즈음부터 나중에 큰돈을 벌면 투자를 해보고 싶다는 생각을 막연히 하곤 했다.

그 꿈이 사회 초년생 시절부터 펼쳐졌으면 좋았으련만, 그때까지도 내 머릿속에는 투자에 대한 지식과 정보가 전혀 없었다. 주식과 펀드의 차이도 제대로 알지 못했을 정도다. 그럼에도 불구하고 적금 등 저축보다는 투자를 하는 게 낫겠다는 생각은 있었다. 당시에는 직접 투자 방식인 주식 거래를 지금처럼 인터넷이나 모바일로 편리하게 할 수 없었다. 대신 간접 투자 상품인 펀드가 유행이었다.

나 역시 펀드를 나라별, 상품별로 다양하게 가입했다. 물론 가입의 기준이나 방향성이 딱히 있던 것은 아니었다. 지인의 추천으로 '뭐가 좋다더라' 하는 카더라 통신이 투자 정보의 전부였다. 그렇게 되는 대로 하나대투증권을 통해 5개, 시티은행을 통해 5개, 우리은행을 통해 4개의 펀드 상품에 분산 가입했다. 브릭스BRICs, 유럽, 미국, 아프리카, 농산물, 광물, 일본 리츠(부동산 투자를 전문으로 하는 펀드) 등 포트폴리오도 다양했다.

그렇게 수입의 절반은 저축을 했고, 그중 70%를 펀드 상품 투자에 썼다. 펀드 투자를 하던 시기 중 2008년에는 '서브프라임 모기지 사태'로 불리는 미국발 금융 위기가 터지며 큰 폭의 수익률 하락도 경험했지만, 결과적으로 전체 투자 금액에서 20% 정도 수익을 냈다.

저축 외 수입은 생활비와 해외여행 경비로 사용했다. 두 항목에 거의 반반씩 할애를 했는데, 지출의 절반 이상을 해외여행 경비로 과감히 썼던 것은 유일한 취미인 여행에 있어서는 돈을 아끼지 말자는 나름의 소비 기준 때문이었다. 광고회사는 여름휴가라는 개념 없이 프로젝트가 없는 한가한 시즌에 쉬는 경우가 많았다. 늘 일이 많았기에 주어진 휴식만큼은 제대로 누리고 싶었고, 어쩌다 한 번가는 해외여행에는 비용을 아끼지 않기로 했다.

> 근로소득의 저축과 지출의 기준
>
> ① 월평균 소득의 50%는 꾸준히 저축(160만 원 이상)
>
> ② 저축액의 70% 비중으로 '펀드 상품'에 가입
> (단순 저축보다 투자를 중시해 비중을 높게 잡았다.)
>
> ③ 남은 50%는 생활비 및 여행 경비로 사용

첫 회사를 4년 5개월 다니고, 2011년 2월부터는 두 번째 회사인 'TBWA'로 출근했다. 해당 분야에서 연차가 쌓이니 첫 회사를 다닐 때보다는 연봉과 시간적인 측면에서 다소 여유가 생겼고(당시 연봉은 수당과 인센티브 등을 포함해 4,500만 원 정도였다), 이때부터 나만의 브랜드로 사업을 해보고 싶다는 열망이 싹트기 시작했다. 당시 술집 창업에 꽂혀서 시간만 나면 가게 자리를 보러 가거나 시세를 확인하며 사업을 위한 스터디를 본업과 병행했다.

사업을 경험해볼 기회는 그로부터 약 3년 뒤 다가왔다. 2012년 2월, 두 번째 이직 후 나의 세 번째 직장이자 마지막 직장이기도 했던 '이노션'에서 일하던 중 투잡을 하며 창업을 테스트해볼 기회가 생겼다(당시 연봉은 수당과 인센티브 등을 포함해 평균 5,500만 원 정도였다). 2014년 초 우연한 계기로 단골 술집을 인수할 기회가 생긴 것이다.

'아름다운시절'이라는 이름의 이 단골 술집은 신촌의 오래된 공간으로 뒤에서도 이야기하겠지만, 내가 대학 시절부터 자주 찾던 장소였다. 여느 때처럼 손님으로 방문한 어느 날, 가게를 정리하려 한다는 주인 분의 이야기를 듣고, 나는 대학 시절 연극 동아리에서 만난 선배 한 명, 후배 한 명과 함께 인수를 결심했다. 이 일은 직장생활 9년 차, 커리어를 바꾼 결정적인 계기가 되었다.

———• 1억 9천만 원의 종잣돈을 손에 쥐다

그렇게 2006년 9월부터 2014년 6월 퇴사하기까지, 94개월간 94번의 월급을 받으며 나의 종잣돈은 완성됐다. 약 8년간 월평균 160만 원씩 모은 금액과 퇴직금 및 펀드 수익금을 더하니 총 1억 9천만 원의 목돈이 모인 것이다. 이만 한 목돈을 모으는 데에는 워라밸 없이 바빴던 회사 덕에 소비할 시간이 별로 없었던 영향이 컸고, 상당 부분을 펀드에 투자하면서 어느 정도 수익을 달성했던 덕도 있다.

	기간	금액
근로소득 저축	월평균 160만 원×94개월	약 1억 5천만 원 (이 중 1억 원은 펀드 상품 투자, 5천만 원은 일반 예금)
퇴직금	3개 회사에서 총 3번의 퇴직금 수령 (퇴직 펀드 가입, 수익금 포함)	약 2천만 원
펀드 수익금	14개 펀드 상품 가입 (평균 7년 가입)	약 2천만 원 (1억 원 투자 기준)
합계	1억 9천만 원	

▲ 94개월의 근로소득 기간 동안 모은 금액. 월급의 50% 정도를 저축했고, 그중 대부분은 펀드 상품에 투자했다.

1억 원이 넘는 종잣돈이 생겨서 좋은 점은 심리적인 안정감과 더불어서 실행 가능한 투자의 방법이 다양해진 것이다. 목돈이 있으니 단골 술집을 인수해 사업을 하고자 마음먹었을 때 과감한 투자가 가능했다. 또한 퇴사 후 내 이름을 걸고 운영하는 공간의 사업 자금으로도 활용할 수 있었다. 종잣돈의 마법은 이후에도 이어졌다. 부동산 등에 투자할 때도 당장 유용 가능한 목돈이 있으면 다양한 선택이 가능했다. 모두 종잣돈이 있기에 가능한 확장이었다.

물론 근로소득자라고 해서 모두가 똑같은 상황은 아닐 것이다. 받을 수 있는 월급이 다르고, 다른 가족에게 생활비를 보내줘야 한다거나 학자금 대출을 갚아야 하는 등 개인이 처한 상황 및 사정도 다르다. 디테일한 부분에서는 저마다의 변수가 있다는 말이다. 하지만 자산을 늘리고 자신만의 부를 창출하고 싶다면, 어떤 식으로든 최소 1억 원 이상의 '의미 있는 종잣돈'을 모아야 하는 것은 고정불변한 돈의 속성이다. 여러 소득 구간 중 가장 지난하고 긴 시간이지만 이 시기를 버텨야 다음 단계를 도모할 수 있다. 나 역시 94개월이라는 시간을 버티며 1억 9천만 원이라는 종잣돈을 모았기에 그다음 단계로 사업 및 자산에 대한 투자가 가능해졌다.

종잣돈을 모으기까지 필요한 요소

1. 금액 설정

종잣돈을 모으겠다는 목표를 정했다면 우선 돈을 모으는 게 첫 번째고, 소비는 두 번째다. 월급의 50% 이상(월 150만 원 이상)은 저축해야 5년 안에 퇴직금을 포함해 1억 원의 종잣돈 모으기가 가능하다.

2. 투자에 대한 관점

종잣돈을 모으기까지는 높은 수익률보다 '안정적인 수익률'이 더 중요하다. 아직은 시작점이므로 안정적이고 기본적인 투자 방법을 공부하고 다양하게 경험하는 시간으로 삼는 것이 좋다. 욕심으로 인한 무리한 투자로 시작부터 삐끗하면 그 이후부터 자신감과 흥미를 잃을 수 있다. 돈을 모으는 재미를 느끼려면 초반에는 원금을 잃지 않는 안전한 투자를 하는 것이 좋다.

저금리 시대 투자 상품 활용하는 방법

- 자신의 성향에 맞게 현금(예·적금 포함)과 투자할 금액의 비중을 정한다.
- 투자 상품의 경우, 비교적 안정적이면서 꾸준한 수익률을 보여주는 미국 지수 ETF 상품이나 리츠 등 배당금을 주는 상품을 고려해본다.
- 개별 기업에 투자하고 싶다면 월별로 적금하듯 꾸준하게 분할 매

수하는 것을 추천한다.

3. 소비 철학

소비에 대한 가치는 사람마다 다르다. 누군가에겐 꼭 필요하고 갖고
싶은 것이 누군가에게는 무의미한 쓰레기일 수도 있다. 자신이 어떠
한 소비에서 행복을 느끼는지 주의 깊게 관찰하고 느끼고 정리해야
한다. 무조건 아끼기보다는 본인의 삶을 풍요롭게 하고 행복하게 하
는 소비에는 좀 더 과감하게 지출해도 좋다. 그래야 돈에 대한 소중
함과 감사함을 느끼고 더 많이 갖고 싶다는 의욕이 생긴다. 돈을 모
으려면 돈을 원해야 한다.

4. 시간에 대한 각오

5년 이상 열심히 종잣돈을 모으겠다고 단단히 각오해야 한다. 사실
모든 일은 가속도가 붙기 마련이라 실제 소요 시간은 더 빠르게 단
축될 게 분명하다. 하지만 시작부터 빠르게만 가겠다고 요령을 찾다
보면 장기적으로는 반드시 문제가 생긴다(가령, 어학 공부를 생각해보
면 이해하기 쉽다). 그보다는 묵묵히 꾸준히 기본기를 다지는 것이 좋
다. 각오는 단단히 하되, 너무 걱정은 하지 않길 바란다. 언제나 세
상은 생각했던 것보다 더 괜찮은 기회와 결과를 가져다준다.

< Stage 1-2 >

사이드잡:
나만의 커리어를 만드는 가장 빠른 길

종잣돈을 모으기 위해 아무리 열심히 일을 해도 월급만으로는 앞날이 깜깜하다. 얼마나 오래 회사를 다닐 수 있을지, 월급만으로 의미있는 자산을 확장할 수 있을지 등을 생각하면 현실의 벽에 부딪혀 막막해진다. 그런 분들에게 나는 '사이드잡side job'을 추천하고 싶다.

요즘에는 'N잡러', '부캐', '사이드 프로젝트', '사내 벤처 창업' 등 소득의 파이프라인을 넓혀가는 것이 하나의 유행이 되었다. 눈을 돌려 주변을 살펴보면 스마트 스토어로 용돈을 버는 직장인, 친구들과 함께 공간 창업을 해서 하루를 두 번 마감하는 사례 등을 어렵지 않게 만나볼 수 있다.

이제 '투잡'이라는 개념으로 회사 눈치를 보던 시대는 끝났다. 안정적인 월급을 받으면서도 회사 이후의 삶을 도모해볼 수 있는 기회가 모두에게 주어진 것이다. 직장생활을 하며 경험해보는 사이드 잡은 앞으로 당신의 커리어에 커다란 분기점이 될 것이다.

── 단골 술집 인수로 본격 퇴사 준비를 하다

앞서도 짧게 언급했지만, '이노션'을 다니며 창업을 고민하던 시기에 우연치 않게 오랜 단골 술집을 인수하게 되었다. 신촌의 '아름다운시절'이라는 가게였다. 가게를 인수할 무렵인 2014년 3월에 이미 17년 정도 된 가게였고, 나 역시 연극 동아리 시절부터 내 집처럼 드나들던 곳이었다. 이곳을 운영해온 두 사장님은 국어 선생님, 음악 선생님 출신으로 술을 좋아하다 보니 자연스레 가게 운영으로까지 이어졌다고 한다.

하지만 세월이 흐르자 두 사장님도 나이가 들어 이제는 너무 힘이 든다며 제주도로의 귀향을 선언했다. 이 술집을 애정해온 사람들에게는 청천벽력 같은 소식이었다. 당시 많은 단골손님들이 각자의 방식으로 이 가게를 인수하고 싶어 했지만, 시간과 돈이 모두 준비된 사람은 없었다. 대체로 학생이거나 갓 학교를 졸업한 사회 초년생이었기 때문이다.

나 역시 가게 인수에 관심이 많았다. 이미 그전부터 공간 등을 알아보며 창업 공부를 적극적으로 했으나 주변의 만류로 번번이 포기했기 때문이다. 삼성전자 퇴사 후 홍대에 카페를 차린 지인이 '사업은 장난이 아니다'라면서 나의 창업 계획을 두고 결사반대를 외친 것이 결정적이었다. 이미 경험해본 사람의 말을 들으니 현실의 벽이 더 단단하게 느껴졌다. 하지만 이렇게 새로운 기회가 오니 또다시 마음이 흔들리기 시작했다.

대략적인 인수 자금을 들어보니 3,300만 원 정도였다. 공간 보증금 1천만 원, 이전 두 사장님이 요구한 권리금이 2,500만 원이었다 (나중에 사정사정해서 200만 원을 깎아 2,300만 원을 드렸다). 인수 금액 자체는 크지 않았는데 문제는 운영이었다. 당시 회사를 다니고 있었기에 이 공간을 전적으로 맡기에는 심적으로 부담이 컸다.

때마침 연극 동아리 후배 한 명이 운영을 도맡아보고 싶다는 의사를 밝혀왔다. 당시 졸업 예정자였던 08학번 후배였다. 후배는 운영에 관심이 있었지만 학생인지라 자금이 부족했다. 선배 한 명도 함께 인수해보고 싶다며 동참했다. 광고 프로덕션 피디였던 선배는 인수에 참여하고 싶었으나 잦은 해외 출장 등으로 적극적인 운영은 어려운 상황이었다. 그렇게 자금을 들일 수 있는 사람은 자금을, 시간을 들일 수 있는 사람은 시간을 들여 가게를 인수하기 위한 합동

팀이 꾸려졌다.

돈을 댈 수 있었던 연극 동아리 선배와 내가 각각 인수 자금으로 1,800만 원과 1,500만 원을 내놓았다. 후배는 영업에 대한 전반적인 프로세스를 짜기 시작했다. 다행히 이전 두 사장님이 17년간의 영업 기밀과 노하우를 오픈하는 등 가게 인수인계를 적극적으로 도와주셨다. 나물 하나도 어느 시장에 가야 좋은 걸 살 수 있는지 알려주셨다. 덕분에 계란말이도 못하던 우리 셋이 하루에 안주 5~60개도 거뜬히 소화할 만큼 짧은 기간 동안 내공을 쌓을 수 있었다.

그렇게 2014년 3월, 연극 동아리 세 사람 버전의 '아름다운시절' 시즌 2가 시작되었다. 3월 첫 달 매출은 가히 놀라웠다. 무려 1,800만 원이나 달성했다. 이전 사장님들의 평균 매출이던 600~800만 원에 비해 2~3배가 훌쩍 넘는 실적이었다. 성공적인 결과에는 여러 이유가 작용했다. 대학 동문이 술집을 창업했다는 반가움, 보다 젊은 느낌으로 리뉴얼한 공간 콘셉트, 오랜 단골들이 단골술집을 인수했다는 이슈, 페이스북 등 소셜 미디어를 통한 입소문 등이 매출 증가의 원인이었다. 덕분에 첫 정산을 하며 동업자 셋은 비명을 지르며 환호했다. 돈을 많이 번 것 자체도 기뻤지만, 혹시나 실패할까 두려웠던 마음이 단번에 사라졌기 때문이다.

내 브랜드의 공간을 운영하고 싶다는 결심이 든 것도 이 순간이었다. 사업은 과정도 중요하지만 결국엔 실적이 모든 것을 말해주기 때문이다. '아름다운시절' 인수 후 의미 있는 실적을 내지 못했다면, 내 브랜드의 공간을 만들겠다는 마음도 금세 포기했을 것이다. 1,500만 원이라는 인수 자금은 값진 수업료라고 생각하며 말이다. 하지만 의미 있는 결과를 도출했기에 그다음 단계로 나아갈 수 있었다.

그렇다면 이후 결과는 어땠을까? 2년간 동업자 겸 투자자로 공간을 운영한 결과는 '애매한 성공'이었다. 결과적으로 당시 '아름다운시절'을 경영하며 번 금액이 그리 많지 않아서다. 1,500만 원의 투자금은 2년 뒤 1,800만 원으로 되돌아왔다. 수익률로 따지면 2년간 20% 정도의 수익률을 올린 셈이다. 아니, 첫 달에 1,800만 원 매출을 기록했다면서 2년 동안 고작 300만 원만 벌었다니? 이 대목에서 다소 의아함이 들겠지만, 그만큼 사업이라는 건 굴곡이 큰 영역이었다.

사업에는 늘 변수가 따랐다. 수입과 지출 또한 마찬가지였다. 가게 오픈 첫 달 1,800만 원이라는 매출을 올렸지만, 그다음 달인 2014년 4월에는 매출이 전달 대비 3분의 1토막이 났다. 국가적인 이슈가 생기며 많은 사람들이 광화문 광장으로 향했기 때문이다. 대학가였기에 방학과 계절 영향도 받았다. 동업으로 인한 의견 차이로 수익 배분이 쉽지 않은 이유도 있었다.

하지만 기준을 수익률이 아닌 다른 곳에 놓고 보면, '아름다운시절'을 운영하는 동안 나는 잃은 것보다 얻은 게 더 컸다. 나만의 브랜드를 운영해도 되겠다는 자신감을 얻었고, 다양한 손님과 메뉴를 다루며 가게 운영의 기본기를 쌓았고, 매출 변수에 대처하는 노하우가 생기는 등 다음 단계를 위한 내공을 다지는 시간이었기 때문이다. 이 시기에 경험한 모든 과정은 내 브랜드의 첫 가게 '원부술집' 오픈 준비 및 운영에 엄청난 밑거름이 되었다.

'아름다운시절' 운영 당시에는 '사이드잡'이라는 단어가 존재하지 않았다. 그 대신 '투잡'이라는 명사가 쓰였고, 회사 입장에서는 투잡을 다소 부정적인 시선으로 바라보는 경향이 강했다. 하지만 요즘들어 '부캐'가 유행하고 사이드잡 혹은 사이드 프로젝트가 일상이 되면서 회사에서도 오히려 이를 장려하는 분위기로 바뀌었다.

이제는 '평생직장'이 사라진 시대다. 회사를 그만두지 않고도 해볼 수 있는 일이 무엇일지에 대한 다양한 실험은 필수가 되었다. 회사를 다니며 최대한 작은 규모로, 부담스럽지 않은 선에서 각자의 장기를 발휘해 사이드잡을 시작해보라고 권하고 싶다. 그러다 보면 당신도 나처럼 운명과도 같은 커리어의 변곡점을 만날 수 있을지도 모른다.

여전히 많은 사람들이 사이드 프로젝트를 부담스러워한다. 하지만 사이드 프로젝트, 사이드잡은 작은 시도만으로도 충분한 변화가 가능하다. 뭔가 대단한 아이템을 찾기보다는 작은 아이디어를 수시로 활용해 결과를 만들어내며, 확장 가능성을 찾는 것이 중요하다. 아무것도 하지 않으면 아무 일도 일어나지 않는 법. 끊임없이 노를 젓는 사람만이 거대한 파도를 만날 수 있다.

Tip

사이드잡, 사이드 프로젝트를 할 때
반드시 체크할 사항들

1. 사내 취업 규칙을 확인하자

회사 취업 규칙을 보면 회사 업무 외적으로 가능한 부분과 가능하
지 않은 부분이 명시되어 있다. 사전에 다음의 사항 등을 꼭 확인하
여 혹시 모를 위험 요소를 피하자.

- 근무 시간 외 사이드잡/사이드 프로젝트가 가능한가?
- 급여 외 소득을 버는 것이 가능한가?
- 가능하다면, 업종에 제한은 없는가?
- 사업자등록은 할 수 있을까?

2. 52/116의 법칙, 시간 계획을 세우자

'주 52시간 근무제'로 모든 직장인에게는 116시간의 업무 외 시간이
주어진다. 이를 어떻게 활용할지 시간에 대한 계획을 반드시 세우자.

- 일주일에 몇 시간을 운영에 할애할 수 있는가?
- 시작부터 종료까지 어떤 프로세스로 운영할까?

3. 예산을 설정하자

시간만큼 돈도 중요하다. 해보고 싶은 사이드 프로젝트를 위한 가용
예산을 확인하자. 모아둔 돈 외에도 자금을 지원해주는 사내 벤처나
외부 공모 등도 알아보고 조건이 맞는다면 적극적으로 활용하자.

- 보증금, 시설 운영비, 인건비 등 비용을 얼마나 들일 것인가?
- 몇 명이서 금액을 충당할 것인가?
- 손해가 날 경우, 투자 금액에서 얼마까지 감당할 수 있는가?

4. 구성원은 명확한 기준을 가지고 정하자

만일 동업을 한다면 구성원을 섭외해야 한다. 다만 동업은 신중해야
한다. 각자의 역할이 분명할 때만 동업을 권한다.

- 동업자 각각의 핵심 역할은 무엇인가?
- 동업자는 내가 할 수 없는 영역을 할 수 있는 사람인가?

5. 프로젝트의 시작점과 끝점을 정한다

사이드 프로젝트라 그 규모가 작더라도 목표를 정해야만 확장 및
지속이 가능하다. 목표에 미치지 못하면 과감하게 정리한다.

- 운영 기간은 몇 년으로 할 것인가?
- 언제 프로젝트를 접을 것exit이며, 그 기준은 어떻게 되는가?

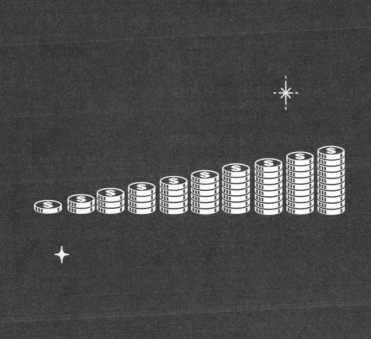

PART 2

거시적인 돈의 흐름을 파악하다
_사업소득

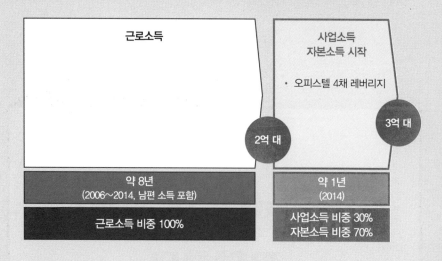

자산의 규모 : 누적 자산 기준

근로소득		사업소득 자본소득 시작 · 오피스텔 4채 레버리지
	2억 대	3억 대
약 8년 (2006~2014, 남편 소득 포함)		약 1년 (2014)
근로소득 비중 100%		사업소득 비중 30% 자본소득 비중 70%

일해서 버는 돈의 한계는 명확한데 자산의 격차는 점점 커진다. 과연 부자들은 어떻게 돈을 버는 걸까? 당연한 이야기겠지만 최상위 부자일수록 근로소득만으로 돈을 벌지 않는다. 하지만 모두가 그들처럼 상속 자산이 있는 금수저는 아니다. 그렇다면 결국 우리가 선택할 수 있는 방법은 하나뿐이다. 사업을 하거나 투자 등을 겸해서 돈이 들어오는 '파이프라인을 다양화'하는 것이다.

나 역시 사업을 통해 내가 컨트롤할 수 있는 돈의 규모가 월급쟁이 시절과는 비교할 수 없을 정도로 확장되었음을 경험했다. 회사를 다닐 때보다 자기 주도적으로 일을 끌고 가는 즐거움도 있었다. 하지만 빛이 있으면 어둠도 있

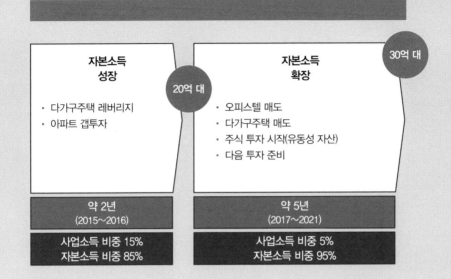

자본소득 성장	20억 대	자본소득 확장	30억 대
• 다가구주택 레버리지 • 아파트 갭투자		• 오피스텔 매도 • 다가구주택 매도 • 주식 투자 시작(유동성 자산) • 다음 투자 준비	
약 2년 (2015~2016)		약 5년 (2017~2021)	
사업소득 비중 15% 자본소득 비중 85%		사업소득 비중 5% 자본소득 비중 95%	

는 법. 균일하지 않은 소득, 수많은 리스크, 숨 막히게 찾아오는 책임감 등 불안 요소도 컸다.

이후 운영하던 공간의 매출 부진으로 사업소득의 한계를 느낀 나는 작가, 강연자, 컨설턴트 등으로도 활동하며 사업소득 영역의 확장을 통해 끊임없이 돌파구를 찾았다. '파이프라인을 다양화'한다는 건 성공보다 실패 확률이 큰 과정의 연속이었다. 지금부터 사업을 하면서 깨달은 현실적인 경험담을 이야기해볼까 한다.

창업:
사업을 하면서 알게 된 돈과 시간의 관계

많은 사람들에게 사업은 투자보다 멀게 느껴진다. 아무래도 자본금이 필요하고, 위험 요소가 크며, 사업할 사람은 따로 있다는 생각이 지배적이기 때문이다. 하지만 부의 성장 속도를 높이기 위해서는 사업소득 경험이 '반드시' 필요하다. 퇴근 이후의 시간을 활용하는 사이드잡, 노동력을 적게 투입할 수 있는 무인 사업, 스마트 스토어 등 형태는 무엇이어도 상관없다.

자기만의 사업을 시작하는 순간, 우리는 우리가 사는 자본주의 생태계를 더 생생하게 느끼고 배울 수 있게 된다. 당신이 다루게 될 돈의 규모 또한 근로소득 시절과 비교할 수 없을 만큼 단위가 커진다.

돈이라는 것의 무게감에 대해서도 더 깊고 처절하게 배울 수 있다. 나의 경우 7년간 10개의 공간을 창업 및 폐업하면서 자본주의 시스템에서 돈과 시간의 관계가 어떤지에 대해 더욱 절실히 깨닫게 되었다.

─── 사업소득자가 되자 돈의 '단위'가 달라졌다

'원부술집'을 오픈한 건 2014년 7월이었다. 단골술집 '아름다운시절' 인수 및 퇴사를 결심한 지 4개월이 지난 시점이었다. '원부술집'을 창업하는 데는 총 4천만 원의 예산이 들어갔다. 보증금 2천만 원에 시설 및 인테리어 비용으로 2천만 원을 썼다.

'원부술집'은 10평 남짓한 크기였는데 셀프 인테리어를 통해 비용을 상당히 아낄 수 있었다. 인테리어에는 평당 100만 원 정도 비용이 들어 총 1천만 원을 사용했다. 가구와 집기류, 초기 주류 및 식자재 구입에 남은 1천만 원을 썼다. '아름다운시절'을 운영하면서 배운 지식을 활용해 자영업 초보자가 실수를 저지르기 쉬운 영역에서 효율성을 발휘한 덕분에 초반 지출도 최대한 줄일 수 있었다.

'원부술집' 경영자 및 '아름다운시절' 투자자 역할로 사업소득을 관리하다 보니 근로소득 대비 벌어들이는 돈의 규모가 확연하게 달라졌음을 체감했다. 회사 다닐 때 받는 월급이 백만 원 단위라면, 가게의 월 매출은 천만 원 단위가 넘어갔다. 물론 매출에서 지출 내역을 정산하고 나면 실질적으로 손에 쥐어지는 돈은 얼마 안 됐지만, 그동안 경험해보지 못한 단위의 돈을 만지게 된 것이다.

당시 '원부술집' 매출은 2014년도 오픈 당해 기준 월평균 1,300만 원 정도였다. 순익은 매출의 40% 수준이었다. 재료 원가를 매출의 30% 정도로 잡고, 월세 및 공과금을 20%로 잡았으며, 기타 비용을 10%가량 잡았다. 그러다 보니 40% 정도가 순익으로 남았다. '아름다운시절'의 경우 평균 매출이 1,000만 원 정도였는데, 이곳은 따로 수익금을 정산해 받지 않았다.

항목	비율	금액
매출	–	1,300만 원
재료비	30%	390만 원
월세 및 공과금	20%	260만 원
세금 등 예비비	10%	130만 원
순익	40%	520만 원

▲ '원부술집'의 매출 및 지출 비용(2014년 기준). 순익은 내 인건비가 포함된 금액이다.

전체 매출로 보면 움직이는 돈의 규모는 대략 2천만 원대 초반이고, 나에게 떨어지는 수익은 500만 원 정도였다. 운용하는 돈의 규모는 커졌지만 한편으로 새로운 고민이 찾아왔다. 시간과 돈에 대한 개념이 달라졌기 때문이다.

──• 자유 시간이 사라지다

회사에서는 업무 분장, 혹은 R&R('Role&Responsibility'의 줄임말로 '역할 권한과 책임'을 뜻함)이라고 해서 내가 할 일과 하지 않아도 될 일이 대체로 또렷이 나뉘어져 있다. 내가 다닌 광고회사도 마찬가지였다. 하지만 내 사업을 하면서는 업무 구분이라는 게 존재하지 않았다. 청소도 내 일, 재료 준비도 내 일, 영업도 내 일, 서비스도 내 일, 마감도 내 일, 정산도 내 일, 세금 신고도 내 일… 모두가 내가 해야 하는 일이었다. '1인 가게'를 경영 콘셉트로 정했기에 감수해야 할 지점이었다.

저녁 6시에 오픈하는 가게였지만 업무의 시작은 오전 8시부터였다. 아침에 일어나면 오늘 해야 할 일을 정리하고 가게 창업기 및 운영기를 블로그에 올렸다. 이 업무만으로도 오전이 훌쩍 지나갔다. 그리고 나면 점심 먹을 새도 없이 장을 보러 인근 마트로 향했다. 복귀 후엔 가게 정리 정돈, 청소, 재료 준비, 예약 사항 확인 등을 해야 했고, 이런 일들을 마치고 한숨 좀 돌리려고 하면 곧장 오픈 시간이 들이닥쳤다.

오픈과 동시에 손님들은 가게로 쏟아져 들어왔다. 그렇게 정신없이 손님을 맞이하고, 술과 안주를 서빙하고, 마감 및 마무리를 하면 자정이었다. 손님들이 가고 난 후 텅 빈 가게를 정리하고 집에 가면 (당시 같은 건물 3층이 집이었지만) 어느덧 새벽이었다. 눈을 뜨고 감기까지 하루 종일 일만 해도 24시간이 부족했다. 그것도 월요일부터 토요일, 때로는 일요일까지 매일 반복이었다.

'원부술집'을 운영하면서 나의 자유 시간은 모두 사라졌다. 아침부터 새벽까지 가게와 관련된 일만 해야 했고, 주 5일 근무하던 근로소득자에서 주 6~7일 일하며 사업을 운용하는 사장의 역할을 감수해야 했다. 이윽고 머릿속에 물음표가 하나 떠올랐다. 그렇게 일해서 한 달에 500만 원을 버는 것이 과연 적절하고 효율적인 것인지 판단이 서질 않았다.

블로그에 올린 나의 창업기를 보고 가게에 찾아온 손님 중에는 대기업 직장인들이 꽤 많았다. 그들에게 나의 일하는 시간과 벌이에 대해 솔직하게 설명하면 대부분 눈빛이 심하게 흔들렸다. 아마 희미하게 떠올렸던 창업에 대한 열망이 수그러들던 눈빛이었으리라. 점점 워라밸을 중시하는 요즘 사람들에게 일과 내 일상의 경계가 없다는 것, 자유 시간이 사라진다는 것은 생각보다 큰 허들이었다. 나 역시 예상하지 못한 지점이었다.

──• 돈과 시간의 의미를 다시 생각하다

사업소득을 통해 단위가 다른 돈을 벌고 있지만 개인의 시간은 완전히 사라진 삶. 이때부터 시간과 돈에 대해 진지하게 생각하기 시작했다. 봉급생활자로 살 때는 내 시간을 담보로 돈을 받았다. 하지만 이때는 엄연히 일과 내 일상을 분리할 수 있었다. 물론 사업이라고는 하지만 자영업자 역시 봉급생활자처럼 내 시간과 노동력을 갈아 넣어 돈을 번다는 점에서는 다를 바가 없었다. 하지만 일과 일상의 경계는 사라졌다는 큰 차이가 있었다. 이런 깨달음을 얻은 후 시간에 관계없이 돈을 벌 수 있는 방법에 대해 고민하기 시작했다. 자본주의 세계에서는 시간을 자유롭게 쓸 수 있는 사람이 결국 승자이지 않은가.

돈을 사용하는 습관도 달라졌다. 씀씀이도 전보다 줄어들었고, 이를테면 5만 원을 벌기 위해서는 술 10병을 팔아야 한다는 생각을 하게 되니 돈이 귀하게 여겨지는 한편, 집착하는 마음도 생겼다. 사업을 하며 돈에 대한 경험치가 늘어간 동시에 경계심도 커졌다. 돈의 세계에 대해 걸음마부터 다시 배우는 기분이었다.

때로는 취객을 어르고 달래다가 '현타(현실 자각 타임)'를 느낀 적도 많았다. 이렇게 감정 소모를 할 때마다 이런 식으로 돈을 버는 게 무슨 의미가 있나 하며 근원적인 질문이 생기기도 했다. 자본주의 사회에서 돈을 버는 건 중요하지만, 삶의 1순위 목적이 오로지 돈만은 아니기 때문이다. 이런 경험들을 하며 사업을 하다 보니 장부에 찍히는 돈이 단순히 숫자로 보이지 않게 됐다. 숫자 이면에 숨은 눈물과 헌신 등 다양한 감정들이 만져졌다. 겉으로 드러나는 매출만으로는 설명할 수 없는 일들이 자영업자의 마음속에 차곡차곡 쌓여갔다.

	근로소득	사업소득
소득 비교	월 400만 원대 수당과 인센티브는 별도	순익 월 500만 원대 매출 2천만 원 초반 ('원부술집'+'아름다운시절' 합산)
노동 시간 비교	주 50~60시간 근무 (평일 주 5일)	주 100시간 근무 (주 6일~7일)

▲ 마지막 직장 '이노션' 월급 vs. 초창기 '원부술집' 매출과 순익 비교. '원부술집'을 운영하면서부터 돈과 시간 사이의 관계에 대한 고민이 시작됐다.

──────• 내 안의 불안을 마주하다

사업을 하는 동안 가장 민망하고 무력감을 느낀 순간이

있다면 '대출을 거절당했을 때'라고 종종 이야기한다. '원부술집' 오픈 직후, 은행에 볼일이 있어 갔는데 회사 다닐 때 만들어둔 마이너스 통장을 당장 반납해야 한다는 통보를 받은 것이다. 연장은 불가하다 했다. 은행에서 내 신용을 믿을 수 없다는 거절의 의미였다.

머리로는 이해가 갔지만 기분이 썩 좋진 않았다. 마이너스 통장의 한도가 그리 큰 것도 아니었기에 마음도 퍽 상했다. 회사를 다닐 적 대출은 마음만 먹으면 언제든 가능한 일이었다. 한도 5천만 원인 마이너스 통장쯤은 재직증명서와 원천징수증명서만 있으면 이틀 만에 뚝딱 만들 수 있었다. 하지만 조직의 타이틀이 없는 사람에게 1금융권 은행은 1원도 빌려주는 법이 없었다.

회사 다닐 때보다 돈도 훨씬 잘 벌고 몇 배 이상 노력하고 있는 사람에게 신용이 없다고 하다니. 사업을 통해 나만의 경제활동을 떳떳하게 하고 있다는 자신감이 한순간에 꺾이는 기분이었다. 한편 대출이 되지 않는다는 사실을 알게 되자 이내 마음이 불안해지기 시작했다.

사업소득은 월급과 달리 소득이 일정하지 않다는 단점이 있다. 가게 매출에만 의지하기 어려운 상황에서 돈이 급히 필요한데 대출이 안 되는 상황을 대비해 신용대출 대신 다른 우회로를 찾아 대비책을 마련해야 했다.

신용대출이 어려울 때 내가 찾은 솔루션은 부동산을 활용한 담보

대출이었다. 부동산 등 담보할 수 있는 자산이 있다면 은행에서 대출이 가능하기 때문이다. 자연스레 나의 다음 미션이 설정되었다. '불안하지 않는 미래를 위한 나만의 담보 만들기'. 나는 가급적 부동산을 토대로 월세를 받는 등 소득을 확장할 수 있는 방향을 모색해보기로 했다.

사업을 한다는 것은 매일같이 불안과 싸우는 과정의 연속이었다. 하지만 결국 이러한 불안이 새로운 일을 도모하는 원동력이 될 때가 많았다. 나의 경우 이때 느낀 불안이 다양한 형태의 공간 확장, 콘텐츠를 통한 저작권 확보, 강연 및 컨설팅 등으로 사업 다각화 전략을 수립하게 된 계기로 작용했다. 동시에 부동산 등 자본 투자를 결심하게 만들어 자산 증식의 터닝 포인트가 되기도 했다.

Tip

창업 초보를 위한 예산 관리법

창업에서 가장 중요한 것은 시작도 끝도 예산 관리다. 예산 관리를 할 때 반드시 체크해야 할 주요 항목을 소개한다.

1. 내 월급을 얼마로 할지 정하자

창업을 하게 되면 일주일 내내 일하는 게 일상이 되는 경우가 많다. 따라서 일하는 시간을 고려해 나의 월급을 얼마로 책정하면 좋을지 기준을 반드시 정해야 한다. 매출과 지출을 고려해 현실적인 급여를 지급해야 하며, '매출=수입'이 아님을 늘 명심하자. 만약 책정한 월급이 창업하기 전에 다니던 직장에서의 월급과 차이가 클 경우, 지출 관리 등에 어려움을 겪을 수 있으니 최대한 빠르게 구조적 판단을 해야 한다.

2. 예비 비용을 준비하자

창업을 준비하다 보면 더 잘해보고 싶은 욕심에 준비된 예산보다 더 쓰게 되는 경향이 있다. 의자 하나라도 더 좋은 걸 들여놓고 싶은 게 사람 마음. 그러다 보면 예산을 초과하게 되고 창업 이후 예비비 관리도 어려워진다. 선택과 집중을 통해 예산을 효율적으로 쓰도록 하자. 아무것도 하지 않고도 6개월을 버틸 예비비는 필수다.

3. 모든 업무를 꿰고 있도록 하자

보통 사장(창업자)과 직원, 아르바이트의 역할을 나눠 생각하는 경우가 많은데, 창업 경험이 적거나 처음이라면 사업의 전 과정에 대해 대표가 담당자 이상으로 속속들이 알고 있어야 한다. 자재 관리부터 장부 정리까지 꿰고 있어야 문제가 생길 경우 적절히 대비할 수 있다. 대비를 못하면 그 손해는 온전히 대표에게 돌아간다.

4. 원가 관리를 치밀하게 하자

사업을 할 때는 재료비, 인건비, 월세 등 고정비로 나가는 원가의 효율을 제대로 따져야 한다. 좋은 서비스를 고객에게 제공하는 것은 좋지만, 원가 비율이 높다 보면 자칫 사업 운영이 어려워질 수 있다. 사업을 하는 모든 과정이 중요하지만 어디에 집중해 어떻게 효율적인 결과를 낼지에 대한 고민이 필요하다. 규모와 퀄리티 등을 고려해 현실적인 구성을 갖춰야 꾸준한 운영이 가능하다.

5. 새로운 아이디어는 늘 현실성을 고려하자

사업을 하다 보면 해보고 싶은 아이디어가 넘쳐난다. 새로운 시도를 해보는 것은 권장하나 실현 가능한지를 늘 살펴봐야 한다. 가령 새로운 이벤트를 하기로 했지만 담당자가 없다면, 인력 충원에 따른 인건비가 늘어난다. 아이디어가 현실적으로 실행 가능한지, 소요되는 비용은 얼마인지 대표가 중심을 잡고 추진해야 한다. 지원 사업이나 외부 기업과의 협업 등을 고려하는 것도 방법이다.

< Stage 2-2 >

성장:
리스크를 감당한 만큼 성장할 수 있다

봉급생활자는 감당할 리스크가 적은 만큼 변화 또한 적어 업무에 단조로움을 느낄 수 있다. 하지만 사업을 하면 이와는 반대 양상이 펼쳐진다. 사업에는 매일 상황이 변하는 변수가 존재하며, 그만큼 감수해야 할 리스크가 크기 때문이다. 시시각각 변화를 즐기는 사람에게는 분명 매력적인 일이지만, 반대의 경우라면 꽤나 고통스러운 경험이 될 수도 있다.

'예측 불가능'은 가장 대표적인 사업의 특징이다. 내일 아니, 당장 10분 후조차 예측이 불가할 만큼 불규칙한 파도를 타야 한다. 이는 매일 긴장하며 살아야 한다는 뜻이기도 하다. 이를 즐기지 못한다면 사업하는 내내 스트레스에만 쫓길 수도 있다.

하지만 수많은 리스크를 감당한 만큼 사업가로서 내공은 단단해진다. 인간적으로도 성숙해지는 계기가 된다. 내가 사업을 하면서 가장 크게 얻은 교훈이기도 하다. 오로지 나의 선택으로 무언가를 시작해 성공을 맛보는 한편, 실패를 회피하지 않고 인정하며 더 나은 다음을 준비하는 것. 이런 경험이 누적되면 성공의 경험을 쌓고 실패를 줄일 나만의 루틴을 완성할 수 있게 된다.

누구나 한 번쯤 규모에 관계없이 나만의 사업을 꿈꾼다. 그러나 이런 꿈이 모두 실제 창업으로 이어지지는 않는다. 쉽지 않다는 것을 직간접적으로 알기에 시도 자체가 어려운 영역이어서다. 이번 장에서는 창업 후 겪은 어려움을 통해 성장한 과정에 방점을 찍어 이야기를 들려드리고자 한다. 우여곡절만큼 배운 점도 많았던 나의 사업 성장기를 보며 간접적으로나마 그 과정을 느껴보길 바란다.

──● 새로운 돌파구를 찾아야 한다

2014년 7월 '원부술집' 오픈 후 여러 가게를 운영하던 무렵, 언론에서도 조금씩 관심을 보이기 시작했다. 광고회사를 다니다 과감히 그만두고 술집을 차렸다는 것이 나름 기사의 후킹 포인트로 눈길을 끌었던 모양이다. 게다가 여사장이 운영하는 공간이라는 사실도 특이한 지점으로 작용했다. 소셜 술집, 위스키바, 극장, 살롱 등 다양한 형태의 공간 확장이 당시에는 신선한 트렌드였던 것도 한몫했다.

가게 운영에 인터뷰 요청 응대 등 몸이 세 개여도 시간이 부족할 만큼 바빴지만, 이상하게도 매출은 점점 줄어들어갔다. 언론의 관심은 무척 감사했지만 안타깝게도 매출 상승에는 전혀 도움이 되지

브랜드	창업 및 운영 시기
아름다운시절	2014년 3월~2016년 2월 (동업 형태에서 그만둠)
원부술집	2014년 7월~2020년 5월 (2회 계약 연장, 권리금 받고 매도)
모어댄위스키	2016년 8월~2020년 8월 (1회 계약 연장, 계약 만료 후 폐업)
하루키술집	2017년 8월~2019년 8월 (계약 만료 후 폐업)
팝업술집 프로젝트	2017년 10월~2020년 5월 (4개 공간을 팝업으로 운영 후 폐업)
신촌극장	2017년 6월~2020년 5월 (공동대표 후 사임)
신촌살롱	2018년 8월~2021년 5월 (공동대표 후 사임)

▲ 2014년 3월부터 2021년 5월까지 7년간, 총 10개의 브랜드 공간을 기획 및 운영했다.

않았다. 나중에는 이렇게 무작정 인터뷰에 응하는 게 맞나 싶을 정도로 고민이 깊어졌다. 매출이 줄어드는 이유에 대해 원인과 해결책을 어떻게든 찾아야 했다.

가장 큰 문제는 고정비 상승만큼 매출이 늘지 않는다는 점이었다. 해마다 월세, 인건비, 재료비 등은 꾸준히 상승했다. 직원들도 연차가 쌓이면 임금을 올려줘야 했고, 임대인도 계약을 갱신할 때마다 꼬박꼬박 월세를 인상했다. 식자재 등 물가도 올라갔고, 퀄리티 욕심에 메뉴도 틈틈이 업그레이드해야 했다. 시설이 망가질 경우 수리비 지출 같은 변수도 생겼다. 고정비는 해가 갈수록 늘면 늘었지 줄어들지 않았다.

반면에 매출은 제자리거나 오히려 조금씩 줄어들었다. 그나마 '원부술집' 오픈 초기에는 투입한 시간만큼 매출 보상이 따랐지만, 이역시 시간이 지날수록 효율이 떨어졌다. 매출이 줄다 보니 새로운 투자를 하는 것도 마음이 꺼려졌다. 직원들에게 뭔가 새로운 걸 해보자고 아이디어를 제시하는 것도 전보다 덜 하게 됐다. 매출 감소를 타계할 돌파구를 찾고 싶었지만 새로운 미션에 도전하기란 쉽지 않았고, 기존 사업 범위 안에서 탁월한 해결점을 발견한다는 것 또한 어려운 일이었다.

이제와 돌이켜 실패의 원인을 찾아보니 다음의 세 가지 리스크에 대한 해결책을 당시에 제대로 찾지 못한 영향이 컸다. 물론 세세하게 따지다 보면 이외에도 먼지 같이 많은 자잘한 이유들이 존재하겠지만, 이 세 가지 리스크를 극복하지 못한 것이 치명적이었다. 사업을 고민하고 있는 분이라면 이런 지점들을 참고해 나와 같은 실수를 번복하지 않길 바란다.

──── 1. 동업: 쉽지 않은 사업 운영 방식

첫 번째는 '동업' 이슈였다. 처음 사업을 시작할 때 많은 사람들이 혼자가 불안한 마음에 동업을 선택한다. 비용과 시간에 대한 리스크가 적거니와 누군가와 함께함으로써 정서적인 위안을 얻을 수 있어서다. 나 역시 회사를 다니며 사이드 프로젝트로 '아름다운시절'을 운영할 때 혼자서 꾸려가는 건 어렵겠다는 판단으로 '동업'이라는 카드를 선택했다. 오랜 시간 친분을 쌓아온 동아리 선후배와 함께 말이다.

하지만 아무리 친하고 신뢰하는 사이라도 동업은 결코 함부로 하는 게 아니었다. '이 공간을 잘 꾸려보자'라는 마음 하나만 같고, 그 외에 사업 운영을 둘러싼 생각이 세 사람 모두 달랐다. 공간을 청소하고 정리하는 스타일에서부터 이벤트 진행 여부, 메뉴의 종류와 가격, 아르바이트생을 대하는 방식에 이르기까지 이 모든 것을 합의하는 과정은 심란할 정도로 어려움의 연속이었다. 작은 것조차 한마음 한뜻으로 맞추기 어려웠다. 누구 하나가 자기 의견을 포기해야만 일이 진행되는 경우가 대부분이었다.

처음 공간을 운영하다 보니 각자의 욕심과 목표가 얼마나 컸겠는가. 누군가 새로운 시도를 하고 싶어 하면 또 누군가는 일 벌리기가 싫다며 반대했다. 기본 안주를 조금 더 정성스럽게 마련해보자 제안하면 굳이 가짓수를 늘릴 필요가 있냐는 반문이 돌아왔다. 심지어 아르바이트생이 지각해 누군가가 다음부터 일찍 오라고 한마디를 건네니 다른 누군가는 왜 그런 말을 굳이 하느냐며 다투기도 했다. 하나부터 열까지 모두 부딪혔다.

동업의 어려움은 뒤에서 이야기할 '신촌극장'을 운영할 때도 마찬가지였다. 동아리 선배와 2인 공동대표 체제로 세팅하고 극장 오프닝 이벤트를 준비하는데 시작부터 의견이 맞지 않았다. 의사결정을 할 때 나의 경우 BEP(손익분기점)나 ROI(투자자본수익률)의 관점에서 문제를 해결하려는 입장이 강했다. 반면 공동대표인 선배는 아티스트를 배려하는 절차를 비롯해 일의 과정을 더 우선시했다. 이렇게 입장이 나뉘다 보니 하려는 일마다 견해가 달랐다. 두 공간을 예로 들었지만 크고 작은 협업 관계 모두 늘 아쉬운 결과로 돌아가곤 했다.

이처럼 한때 동업하는 과정에서 마음의 답답함을 느끼다 보니 도움을 얻을 수 있을까 싶어 동업 체제로 운영하는 타 공간 사례를 찾아보기도 했다. 경의선숲길에 있는 '사심가득'이라는 와인바는 4명의 마음을 담아 만든 공간이라는 의미로 동업 체제로 오픈한 공간이었다. 각자 직업이 있는 4인이 사이드 프로젝트로 만든 공간이었고 마감을 돌아가며 하는 형태였다. 시작은 설레고 좋았으나 여러 이슈로 현재는 2명만 남은 상태다.

을지로 와인바 '십분의일'도 경제 공동체를 꿈꾸는 8명이 조합 형태로 만든 공간이다. 각자가 버는 돈의 10분의 1을 조합비 형태로 내는 점이 인상적이었다. 초기에는 직장인이 대부분이었지만, 지금은 절반 정도가 공동체의 지원으로 퇴사 후 두 번째 직업을 가지게 되었다. 이곳 역시 기본 안주로 올리브를 주느냐 마느냐 하는 등의 문제를 두고 매번 끝장 토론을 벌인다고 한다.

물론 동업을 잘하고 있는 사례도 있다. 초등학교 친구 3명으로 구성된 콜드브루 커피 전문 브랜드 '브루데이'의 경우는 창업부터 지금까지 별 탈 없이 운영 중인 케이스다. 어렸을 때부터 친한 친구 사이였기에 서로 의지하며 경영할 수 있었다고 한다. 압구정 워칭뮤직 라운지 '제이앤제이슨'도 첫 직장 동료 사이였던 제이와 제이슨 두 명의 동업자가 각자의 역할을 하며 잘 꾸려가고 있다.

이처럼 동업은 좋은 사례와 좋지 않은 사례가 다양하게 존재하나, 나의 경우에는 모든 동업에 실패했기에 주변에 동업을 추천하지는 않는다. 그리고 동업의 좋은 사례보다 그렇지 않은 사례를 더 눈

여겨보라 말하는 편이다. 만약 동업을 고민 중인 사람이라면 다음의 사항을 반드시 검토했으면 한다.

첫째, 내게 없는 역량을 가진 사람과 함께할 때 동업의 선순환이 이루어짐을 염두에 두자. 친하고 마음이 맞는다는 이유만으로 동업을 해서는 안 되는 이유다. 둘째, 투입 조건이 공평할수록 좋다. 동업자들 사이에 들이는 자금과 시간이 비슷해야 기여도 측면에서 문제가 생기지 않는다.

많은 직장인들이 퇴근 후 나만의 소소한 공간을 경영하는 꿈을 꿔봤을 것이다. 이때 혼자서는 불안하고 같이 하면 재미있을 것 같으니 자연스레 동업 옵션을 떠올린다. '여럿이 운영하면 각자가 데려올 손님도 많고, 어차피 어딘가에서 쓸 돈을 내 가게에서 쓰면 되지 않나' 하는 마음으로 말이다.

하지만 이상과 현실은 엄연히 다르고, 시작의 설렘은 너무나 빨리 실망으로 변할 수 있다. 재미있게 운영해보고 싶은 마음이 우선이라면 돈을 벌겠다는 목표는 애초에 버리는 게 낫다. 돈을 벌고 싶은 게 우선이라면 가능한 한 최대치의 역량을 발휘해 '전문적인 경영 시스템'을 만들어야 한다(이건 정말 중요한 포인트다). 재미와 돈, 두 마리 토끼를 모두 추구하고 얻는 건 생각보다 쉽지 않다.

2. 사람 관리: 회사든 사업이든 가장 어려운 문제

사업을 하다 보면 힘들지 않은 순간이 없지만, 나는 직원 관리에도 늘 어려움을 느꼈다. 회사라는 조직이건 나를 중심으로 돌아가는 사업체건 가장 어려운 건 역시 사람이라는 사실을 뼈저리게 경험해서다. 특히 직원들과 '비전을 공유하며 미션을 달성한다'는 것은 정말 어려운 목표였다. 스타트업이 아닌 개인 사업자의 사업장에서 이를 추구한다는 것이 과연 가능할까 싶었다.

개인 사업자의 경우 대체로 영세하게 돌아가는 구조다 보니 경력이나 경험이 있는 전문 인력 채용이 쉽지 않다. 그로 인해 돈이 필요한 시간제 직원을 쓸 수밖에 없는데, 대체로 이들은 본업이 따로 있었다. 내가 운영하는 공간에서 일하는 이유 역시 돈을 벌기 위한 목적이 컸다.

우리가 입사 지원을 할 때를 떠올려보자. 월급도 월급이지만, 해당 분야에서 숙련된 경험을 얻기 위한 목적으로도 우리는 구직을 한다. 하지만 내가 채용한 직원들 중 거의 대부분은 공간 경영의 노하우 등을 배우고자 일하러 온 분들이 아니었다. 그러다 보니 업무 숙련도를 어느 이상 확장하기가 쉽지 않았다.

보상에 대한 기준을 잡는 것도 늘 어려운 문제였다. '모어댄위스키'에서 바텐더로 일했던 직원의 경우 목표 매출 초과 시 이익의 일정 비율을 인센티브 개념으로 주겠다고 했지만, 정해진 월급을 받는 것 외에는 큰 관심이 없어 보였다. 오히려 약속된 업무가 끝나면 본인의 다른 관심사에 시간을 보내고 싶어 했다. 내가 생각했던 기대와 다른 결과였다.

시세보다 높은 시급을 준다고 만족하는 것도 아니었다. 어떤 직원은 기여도를 언급하며 협상을 하자더니 상황이 애매해지자 몰래 한두 시간씩 가게 문을 닫고 자리를 비우기도 했다. 손님을 처음부터 끝까지 케어하는 서비스업인데 손님이 주문한 메뉴만 내보내고 나면 내 일은 끝났다는 태도를 보이기도 했다. 그러다 보니 요청한 업무가 끝나자마자 문밖에서 담배를 피거나 핸드폰만 쳐다보는 직원이 생길 수밖에 없었다.

시간을 들여 직원을 대하는 기준을 정해도 사람마다 성향과 상황이 다르다 보니 어떤 태도를 취해야 할지 애매해지는 상황은 늘 발생했다. 생활비가 부족하다며 월급을 가불해달라는 직원에게 어떻게 응대해야 할지, 퇴직금을 중간 정산해달라고 하면 기준이 맞지 않아도 무조건 지급해줘야 하는지… 이 모든 걸 판단하는 일이 생각 이상으로 복잡하고 어려웠다.

사업가 백종원이 언론에서 이런 이야기를 했다고 들었다. "내 마음처럼 일 해주는 직원이요? 그런 직원, 이 세상에 없습니다." 나 역시 (직원에게 가능한 한 잘해주고 싶은) 이상과 (그러기에는 호락호락 넘어가기 어려운) 현실 사이에서 자주 곤혹스러웠다. 백종원의 말처럼 사장과 직원의 마음을 철저하게 분리해 생각하고 행동해야 함을 머리로는 배웠지만 아는 대로 실천하는 건 쉽지 않았다. 사람 관리를 비롯해서 여러 시행착오를 거치고 열심히 사장 수업을 해나가며 조금 더 나은 리더가 되길 원했지만, 결과적으로 나는 답을 찾지 못한 채 여러 공간을 폐업하거나 대표직에서 물러나야 했다.

운영하던 공간들을 정리한 표면적 이유는 코로나19 팬데믹으로 인한 경영상의 어려움이었다. 하지만 사람 관리에 한계를 느꼈던 것이 더 근본적인 이유였다. 직원들에 대한 책임감, 매달 빚의 속도로 찾아오는 월급날, 팬데믹으로 인한 경영 조건의 악화와 매출 압박에서 자유롭고 싶었다.

──→ **3. 변화의 속도: 세상은 변하고 유행은 자주 바뀐다**

2014년 7월 '원부술집'을 오픈할 당시만 해도 영업시간 동안 테이블이 3번 돌 만큼 회전률이 높았다. 유명 맛집도 아닌 작은 술집에 대기를 걸고 기다리는 손님, 자리가 나면 꼭 연락을 달라는 손님으로 넘쳐났다. 덕분에 오픈과 동시에 가게는 생각보다 빨리 자리를 잡았다. 늘 새로운 공간에 목말라 있는 상암동 방송국 직원들 덕에 가게에 대한 소문도 금세 퍼졌다.

하지만 공간도 제품처럼 나름의 소비 주기를 경험한다. 처음에는 신선함에 너도나도 몰려들지만 두세 번 경험하고 나면 사람들은 다시 새로운 공간을 찾아 떠난다. 그나마 '원부술집'은 직장인을 타깃으로 해 단골손님 확보가 쉬운 편이었지만, 소비 주기의 속성상 찾아오는 손님의 숫자는 점점 줄어들 수밖에 없었다. 대기업에서 제품을 출시할 때 3~5년마다 디자인을 리뉴얼하는 이유를 피부로 경험한 순간이었다.

여기에 사회적 이슈도 영향을 미쳤다. 공간을 운영하며 처음으로 맞이한 사회적 변수는 '김영란법'이었다. 부정 청탁 및 금품 수수 등을 금지하는 '김영란법'이 시행되자 우리 가게를 비롯해 방송국 직원이 주 고객이었던 상암동 일대 가게들은 외부 회식을 자제하는 움직임으로 인해 눈에 띄게 손님이 줄었다. 여기에 더해 기업 내 회식을 점점 지양하는 문화도 생기기 시작했다. 회식을 하더라도 점심에 하거나 오후에 영화를 보는 식의 문화 행사로 대체됐다. 워라밸을 중시하는 라이프 스타일의 확산이 매출에 영향을 준 것이다.

그리고 2020년 3월, 모두가 알다시피 전 세계를 강타한 코로나19 팬데믹이 찾아왔다. 이처럼 하나의 문제가 닥친 후 어떻게 해결할지 고민해서 수습하고 나면, 그다음엔 더 큰 문제가 찾아왔다. 변화의 속도를 따라가기란 생각보다 쉽지 않았다.

이렇게 세 가지 문제를 극복하지 못했기에 운영하던 사업에도 한 계가 찾아올 수밖에 없었다. 물론 이 리스크들을 해결했다고 해서 이후에 사업이 탄탄대로를 걸었으리라고는 장담할 수 없다. 사업은 상수가 없는 변수의 연속이기 때문이다. 그렇다면 공간 운영을 접은 지금, 나의 사업은 실패했다고 봐야 할까? 결과만 놓고 보면 실패라고 보지만 과정까지 살펴보면 꼭 그렇지만은 않다고도 생각한다.

문제가 생기면 나는 늘 어떻게든 해결해보고자 매번 내가 가진 모든 에너지를 갈아 넣으며 애를 썼다. 이 과정을 통해 위기에 대처하는 자세, 사람을 대하는 노하우, 문제 해결 능력 등 개인의 역량은 놀라울 정도로 성장했으며, 어제보다 나은 오늘, 오늘보다 나은 내일을 준비할 수 있게 됐다.

10개 중에 1개만 성공할지라도 해보기 전까지는 그 누구도 결과를 알 수 없는 게 사업이다. 이것이 사업의 가장 큰 매력 혹은 마력이기도 하다. 만약 이 모든 과정을 감당할 준비가 되지 않았다면 창업을 좀 더 깊이 고민해볼 필요가 있다. 사이드 프로젝트를 통해 사업 운영을 위한 기초 체력을 기르며 더 좋은 기회를 기다리는 게 보다 안전한 방법일 수도 있다.

창업을 하면 꼭 대표직을 맡아야 할까?

사업이든 창업이든 새로운 일을 시작하다 보면 모두 대표가 되고 싶어 한다. 내 이름 석 자가 적힌 사업자등록증을 바라보면 당장 눈에 띄는 결실이 없더라도 그 순간만큼은 뭔가를 이룬 것만 같은 기분이 들기도 한다.

하지만 앞서도 말했듯 대표가 되면 책임져야 할 일 또한 그만큼 많아진 다. 실패도 오롯이 혼자 떠안아야 한다. 사업 운영비에 대한 부담도 만 만치 않다. 대표를 맡는 것만이 사업을 하는 유일한 길은 아니다. 다음 의 방법들도 참고하여 자신의 성향과 상황에 맞는 방식으로 사업 운영 에 참여해보는 것은 어떨까?

1. 기업의 자문 혹은 컨설턴트

타 기업의 자문 혹은 컨설턴트로서 역량을 발휘해보는 것도 방법이 다. 회계, 디자인, 데이터 분석, 프로그래밍, 마케팅, 서비스 기획 등 나만의 전문성을 살려 프로젝트를 맡아볼 수 있다. 일한 만큼만 보 수를 받고 결과에 대한 책임감은 덜 수 있는 방법이다.

2. 플랫폼 활용

특정 분야나 주제에 관심이 있다면, 독서 모임, 액티비티 모임 등 다 양한 모임 플랫폼을 활용해 모임의 리더 역할을 해보는 것도 방법 이다. 플랫폼의 경우 업무 강도나 책임 여부에 대한 부담이 적기에

시간 여력이 된다면 플랫폼 담당자와 협의를 통해 가볍게 시작해볼
수 있다.

3. 창업 경진 대회 등 지원 사업

최근 창업 열풍이 커지면서 다양한 아이디어를 모집하는 콘테스트
가 많아졌다. 사내 벤처, 창업 경진 대회 등 여러 방면으로 기회가
열려 있다. 아이디어 공모전 등과 같은 지원 사업은 아이템별, 지역
별로 세분화되어 있으니, 염두에 둔 아이디어를 테스트해볼 좋은 기
회가 될 것이다.

< Stage 2-3 >

확장:
10개의 창업 공간별 사업 성적표

내일의 성공을 위해서는 오늘의 패인을 분석해야 한다. 불편하지만 꼭 마주해야 할 과정이다. 물론 결과를 냉정하게 본다는 건 쉽지 않다. 사업에 대한 평가도 마찬가지다. 사업은 성공보다 실패의 확률이 높기에 기대에 못 미치는 결과를 직접 보면 속이 쓰릴 수밖에 없다. 하지만 바둑의 복기復棋처럼 지난 행보를 되짚어 무엇이 패착이었는지 확인해야만 이후에 한 걸음 앞으로 더 나아갈 수 있다.

그런 이유로, 부끄럽지만 이번 장에서는 나의 사업 실패 사례를 소개하고자 한다. 나 역시 결과를 있는 그대로 마주하기가 쉽지는 않았다. 그럼에도 솔직하게 나의 경험을 털어놓는 이유는 독자 분들이 반면교사의 사례로 삼기를 바라서다.

이하의 내용은 그동안 운영했던 10개의 공간 사업에 대해 내가 스스로 매긴 성적표다. 이 결과를 통해 독자 분들께서 사업을 할 때 필요한 능력과 감각, 준비해야 할 부분 등에 대한 저마다의 통찰을 길어 올리시길 바란다.

──● '아름다운시절'(2014~2016년)
: 사업의 혹독함을 알려준 창업 사관학교

앞서도 언급했지만 '아름다운시절'은 본격 창업 전 선후배와 동업하여 사이드 프로젝트로 운영한 공간이다. 세 명의 동업자 중 당시 인수 비용을 댈 수 있었던 나와 선배가 초기 투자금을 대며 사업이 시작됐다. 당시 내가 들인 비용은 1,500만 원이었고, 2년 뒤 1,800만 원으로 돌려받았다. 단순 계산을 하면 300만 원의 수익 즉, 20% 수익률을 달성한 것이다. 하지만 참고할 부분이 있다. 가게 운영을 도왔던 초반 4개월간의 인건비가 제외된 금액이라는 점이다. 사실상 무급 노동이었던 셈이다.

투자자가 투자 원금을 보장받는 경우는 생각보다 많지 않다. 가게를 운영하다 보면 월세나 인건비 외에도 예상치 못한 지출을 감내

해야 해서다. 노후 설비를 교체해야 한다든지, 주방 확충 등 부분 공사를 진행할 수도 있다. '아름다운시절'은 오래된 주택가 지하에 위치한 17년 된 가게였기 때문에 인수할 당시 교체할 물건이 한둘이 아니었다.

또한 '아름다운시절'은 매출이 일정하지 않았는데, 이는 예산 관리의 어려움과도 이어졌다. '아름다운시절'은 대학생이 주요 손님이었기에 학기 중과 방학, 여름과 겨울, 시험 기간 등 학사 일정에 따른 변수가 많았다. 게다가 인천 송도에 연세대학교 신규 캠퍼스가 생기면서 이후 신입생들이 모두 그곳에서 수업을 받게 되었는데, 이로 인해 학기 초 신입생 환영회 등 대관 수입 비중이 컸던 '아름다운시절' 매출은 적지 않은 타격을 받았다.

이처럼 상권의 성격과 외부 변수를 파악해 매출과 지출 관리를 정확히 하는 게 경영진의 역할이다. 자칫 소홀해지면 적자가 되는 건 한순간. 이달 매출이 예상 외로 높더라도 다음 달에 있을지도 모를 변수에 늘 대비해야 한다. 또한 1년에 두 번 있는 부가세 신고와 매년 5월에 있는 종합소득세 신고 등 세금 관리도 미리미리 해둬야 신고 기간이 닥쳤을 때 당황하거나 쫓기지 않는다.

▲ '아름다운시절'은 '원부술집' 오픈 전, 창업과 경영에 대해 많은 것을 알려준 선생님 같은 공간이다.

이와 같은 시기별 경영에 대한 흐름을 배우게 해준 곳이 바로 내가 운영했던 첫 가게, '아름다운시절'이다. 이곳에서의 경험은 '원부술집'을 오픈하기 전까지 가게 경영에 대한 많은 것을 짧은 시간 동안 트레이닝 시켜줬다. 나에게는 '창업 사관학교'와도 같은 공간이다.

'아름다운시절' 수익	투자금	실현 수익(2년 후)
수익률 20% 수익금 300만 원	1,500만 원	1,800만 원

▲ 2년간 투자한 '아름다운시절'에서 얻은 수익

'원부술집'(2014~2020년)
: 가장 많은 수익을 실현시킨 공간(feat. 나를 갈아 넣어)

'원부술집'은 내 이름을 걸고 만든 첫 단독 가게였다. 또래 직장인들이 마음 편히 한잔하러 왔으면 하는 마음으로 만든 10평 남짓한 공간이다. 오픈 초기부터 자리를 잡았지만 안타깝게도 해가 갈수록 매출은 조금씩 떨어졌다. 다행히 운영하는 동안 적자는 한 번도 없었다.

'원부술집' 수익	월평균 매출	월평균 순익
2014년(7월~)	1,300만 원	520만 원
2015년	1,000만 원	400만 원
2016년	900만 원	360만 원
2017년	700만 원	280만 원
2018년	600만 원	240만 원

2019년	500만 원(고정비 350만 원)	150만 원
2020년(~5월)	400만 원(고정비 300만 원)	100만 원
합계	5억 4,200만 원	2억 780만 원
순수익	(인테리어/시설비 −2천만 원 권리금 +1천만 원)	1억 9,780만 원 월평균 약 279만 원 (보증금 2천만 원 별도)

▲ 햇수로 7년간 '원부술집'의 매출과 순익. 월평균 279만 원을, 전체 누적 순익 약 2억 원 정도를 벌었다.

앞의 표는 '원부술집'의 매출과 순익에 대한 기록이다. 공간 운영에 있어 그나마 성공 사례로 뽑을 수 있는 몇 안 되는 경우다. 햇수로 7년간 누적 순익이 2억 원이 조금 안 되었고, 월평균 순익이 279만 원이라는 결과에 대해서는 독자들 저마다의 기준으로 판단하기를 바란다. 적은 금액은 아니지만, 창업을 고민 중인 어느 정도 연차가 있는 대기업 직원이라면 이 금액은 굉장히 고민되는 벌이일 수 있다.

해가 갈수록 '원부술집'의 매출은 점점 줄어들었고, 계약을 갱신할수록 월세는 올라갔다. 임차인의 사정을 고려해 무리하게 임대료를 올려 받지는 않는다 해도 대부분의 임대인들은 법적으로 정해진 비율만큼은 반드시 올려 받았다. 나 역시 보증금 2천만 원에 월세 120만 원으로 시작했지만, 계약 만료 시점에는 월세가 170만 원까지 올라가 있었다. 매출이 줄어들고 있는 시점에는 월세 10만 원도 부담이 큰 법이다.

매출이 500만 원 이하일 경우, 수익률은 40%가 채 되지 않았다. 운영에 들어가는 기본 고정비가 있다 보니 매출이 떨어지면 내가 가져갈 수 있는 수익은 줄어들 수밖에 없었다. 만약 회사를 다니며 사이드 프로젝트로 가게를 운영하는데, 나에게 떨어지는 월 순익이 150만 원이라면 나쁘지 않은 금액일 것이다. 하지만 전업으로 가게 하나만을 운영한다면 월 순익 150만 원은 기본 생활비로도 부족할 수 있다.

매년 매출이 감소하는 위기를 느끼게 되자 나는 출판, 강연, 수업, 자문, 컨설팅 등 내가 할 수 있는 다양한 영역으로 사업의 범위를 확장할 수밖에 없었다. '원부술집' 외 다양한 공간을 오픈하는 것도 추

▲ '원부술집'은 처음으로 나를 브랜드화 해서 운영한 공간이었다.

진해야 할 옵션 중 하나로 생각했다. 가게 하나만 운영해서는 매출 부진이 해결되지 않으니 사업적으로 다양한 시도를 해봐야겠다는 마음이 들었기 때문이다. 자본소득에 관심을 가지며, 부동산 등 신규 투자처를 모색하게 된 것도 이때부터였다.

'원부술집'은 내가 지금껏 운영한 공간 중 가장 장기적으로 꾸준한 수입을 얻게 해준 곳이었다. 반면 한계도 있었다. 사장인 나의 캐릭터가 워낙 강렬했기에 그만큼 나의 시간을 투입해야 매출이 유지되었던 구조가 그것이다. 그래도 '원부술집' 덕에 이후 다양한 도전을 시도할 수 있었고, 커리어 확장 및 부동산 투자 등 새로운 모험을 향해 발을 뗄 수 있었다.

> ⊛ 원부연의 비즈니스 노트
> 내 시간을 투자한 만큼 매출이 나오는 게 올바른 사업의 방향일까? 운영자 캐릭터가 중요한 자영업, 시스템으로 운영되는 사업체 중 어떤 방향을 선택할지 고민이 필요하다.

—— • '모어댄위스키'(2016~2020년)
: 고정비 높은 공간은 함부로 운영하지 말자

캐주얼 위스키·칵테일바를 지향하며 2016년 8월에 오픈
한 '모어댄위스키'는 이때까지 운영한 공간들 중 (초기 비용부터 고정비
까지 모두 통틀어서) 가장 많은 자금이 투입된 매장이다. 총 4천만 원으
로(보증금 2천만 원, 인테리어 및 시설비 2천만 원) 오픈한 '원부술집'과는 준
비 비용부터 차원이 달랐다. '원부술집'과 비슷한 크기의 공간이었
지만, '모어댄위스키'의 경우 오픈 준비 자금으로 총 6천만 원이 들

▲ 캐주얼 칵테일·위스키바 '모어댄위스키'는 고정비가 많이 들어가는 사업의 효율을 생각하
게 만든 공간이다.

었다.

보증금 2천만 원에 권리금을 포함한 인테리어 비용, 초기 주류 구매 및 시설비에 4천만 원이 들었다. 위스키나 칵테일 종류에 따라 구비해야 하는 잔의 수량도 어마어마했다. 음료와 얼음을 보관해야 하기에 냉장 및 냉동 설비도 갖춰야 했다. 그렇게 '원부술집' 오픈 준비 자금 대비 1.5배의 비용을 들여 두 번째 가게를 오픈할 수 있었다.

상주하는 바텐더 직원 1인, 그때그때 필요한 서브 바텐더 직원 1~2인까지 고용해야 하니 인력 관리도 만만치 않았다. 위스키·칵테일바이다 보니 구비해두어야 하는 술 종류가 많아서 재료 주문비도 높았다. 결과적으로 월 고정비만 700만 원이 넘게 들었다. 월세와 공과금, 인건비, 재료비를 모두 더한 비용이었다. 높은 고정비로 인해 '모어댄위스키'는 '원부술집'보다 늘 매출이 높았지만 4년간 총 순익은 -2,500만 원을 기록했다.

여기에 4년간 근속한 직원의 퇴직금까지 주고 나니 가게를 정리하며 되돌려 받은 보증금 2천만 원을 더해도 총 순익은 여전히 마이너스였다. 최초 투자금 6천만 원에서 500만 원을 더 손해 보는 셈이 된 것이다. 월 매출 800만 원 이상 나오는 것도 어려운 시기에 고정비까지 높다 보니 '모어댄위스키'는 운영할수록 손해가 나는 구조였다. 누구나 편하게 술을 마실 수 있는 캐주얼한 위스키바를 지향하며 야심차게 오픈한 공간이었지만, 지옥 같은 정산 시기가 찾아올 때마다 힘에 부칠 수밖에 없었다.

'모어댄위스키' 수익	월평균 매출	월평균 순익
2016년(9월~)	1,000만 원	300만 원
2017년	900만 원	200만 원
2018년	800만 원	100만 원
2019년	600만 원	-100만 원
2020년(~8월)	500만 원 (고정비 동일 700만 원)	-200만 원
합계	3억 5,600만 원	2,300만 원
순수익	(인테리어/시설비 -4천만 원 퇴직금 -800만 원)	-2,500만 원 (보증금 2천만 원 포함 총 -500만 원)

▲ '모어댄위스키'의 경우 고정비가 높아 월 매출이 적지 않았는데도 적자 폭이 컸다. 총 투자금 6천만 원, 총 지출금 6,500만 원이 들었다.

'모어댄위스키'를 오픈하고 얼마 뒤 위스키바를 운영하는 주위의 사장님들을 보니 투자를 받아 진행하는 경우가 대부분이었다. 애초에 명성 있는 바텐더에게 투자해 수익을 배분하는 시스템이었던 것이다. 나처럼 처음부터 바텐더를 양성하고 가게를 운영하는 케이스는 드물었다. 만약 투자를 받지 않는 경우라면, 높은 고정비를 감당할 만한 실력파 바텐더가 오너로 운영하는 방식이 베스트였다.

'모어댄위스키'는 나에게 술이라는 매력적인 세계를 알게 해준 곳이다. 더불어서 위스키바는 일정 수준 이상의 사업 자본을 갖추지 않으면 안 되는 곳임을 알려줬다. 바텐더가 없으면 운영이 안 되는 구조라는 점도 항상 염두에 둬야 한다. 위스키바는 여유 있는 자금 조달과 전문 인력 채용이 필수이기에 인프라가 부족하다면 창업 아이템으로 적절하지 않다는 점을 꼭 말씀드리고 싶다.

> ⊛ 원부연의 비즈니스 노트
> 고정비가 높은 가게를 운영할 만큼 자금이 넉넉한가? 바텐더 등 경력이 필요한 인력을 쓸 경우 인건비 및 퇴직금 등 자금 운용 계획을 철저하게 세워야 한다.

──● '하루키술집'(2017~2019년)
: 나에게만 매력적인 콘셉트, 대중에겐 어필할 수 없다

'하루키술집'은 오픈 2년 만에 초고속으로 폐업한, 소위 '폭망'한 가게였다. 이곳은 경의선숲길 옆에 조용히 자리한 10평 남짓의 공간으로 무라카미 하루키 문학작품에 나오는 음식들로 메뉴를 구성한 것이 특색이었다. 메뉴판도 손글씨와 원고지를 활용했고,

▲ 취향만을 앞세운 운영은 한계가 있음을 깨닫게 해준 '하루키술집'

하루키의 책을 비치해 공간을 채웠다. 하지만 2017년 8월 개업 후 오픈 3개월 차부터 위기가 찾아왔다. 문제는 크게 두 가지였다.

첫째, 위치가 문제였다. '하루키술집'은 경의선숲길 중심가에서 안쪽으로 10걸음 정도만 들어가면 나오는 곳이었지만, 중심가에서 가시적으로 보이지 않았다. 입간판을 두는 등 여러 시도를 해봤지만 외부 손님 유입은 어려웠다. '하루키술집' 외에 별다른 가게가 없다 보니 술집을 찾는 사람들이 지나다니는 동선도 아니었다. 나름 홍대 상권이었지만 알고 보니 소위 '홍대 재수생 상권(미대 진학을 위해 미술학원을 다니는 재수생들을 타깃으로 한 상권)'이라 불리는 영역이기도 했다.

둘째, 콘셉트의 문제였다. 무라카미 하루키는 내 연령대에서나 문학적 감수성이 통하는 작가였다. 홍대 재수생 상권을 포함한 경의선숲길 라인의 주 타깃은 Z세대. 그들에게 하루키는 세대가 다르고 친숙하지 않은 외국인 작가에 불과했다. 감성적으로 와닿지 않은 작가의 타이틀로 꾸며진 공간에 그들이 매력을 느낄 리 만무했다.

그렇게 4,500만 원의 비용을 들여 오픈한 '하루키술집'은 정확히 2년 후 0원이 남게 되었다. 보증금 3천만 원에 인테리어를 셀프로 감행하며 1,500만 원으로 해결했지만, 4개월 차부터 마이너스를 기록하기 시작했다. 그렇게 간신히 버티고 버텨 최초 투자금에서 더 큰 적자를 내지 않고 2년 후 공간을 폐업했다.

'하루키술집' 수익	월평균 매출	월평균 순익
2017년 8월~2019년 9월	300만 원 (고정비 400~450만 원)	평균 −125만 원
순수익	초기 비용 총 4,500만 원 (인테리어/시설비 −1,500만 원)	약 -3천만 원 (보증금 3천만 원 포함, 총 0원)

▲ 투자금 4,500만 원 전부를 지출로 사용했다.

'하루키술집'의 경우 나만의 취향을 내세운 까닭에 수익을 내는 데 실패했다. 정작 해당 지역의 주요 소비자들은 하루키에 큰 관심이 없는데, 나의 주관적 판단과 취향을 강요하듯 공간을 만든 것이 패착이었다. 손님들이 찾아오지 않은 것은 당연한 결과였다. '하루키술집'의 실패는 이후 소비자가 원하는 아이템과 방향이 무엇인지 고민하며 공간을 준비하기로 결심한 계기가 됐다.

'팝업술집 프로젝트'(2017~2018년)
: 공간에 대한 새로운 실험은 시도만 좋았다

'원부술집'과 '모어댄위스키', '하루키술집' 등 여러 공간을 운영하다 보니 외부 요소에 의한 어려움이 생각보다 많았다. 임대인과의 갈등이 가장 괴로웠고, 소음 등의 이유로 주변 민원도 만만치 않았다. 수천만 원이라는 큰돈을 들여 가게를 오픈했지만 정작 돈을 쓴 임차인이 가장 눈치를 봐야 하는 상황이었다. 이윽고 새로운 질문이 떠올랐다. '기존과는 다른 방식의 가게를 운영해보면 어떨까?'

이 질문은 '여의도 하이볼'이라는 공간을 통해 새로운 아이디어로 연결되었다. 당시 내 창업 수업을 듣고 가게를 오픈한 지인에게서 온 연락이 시작이었다. 지인이 운영하던 가게는 상가 재개발로 조만간 정리를 해야 하는 상황이었다. 여의도의 오래되고 낡은 상가에서

펍을 운영하던 지인은 고민이 많아졌다. 자기 인건비조차 벌지 못하며 가게를 운영하느니 차라리 이 참에 접을까도 싶었지만, 결정은 쉽지 않았다.

더 구체적으로 이야기를 들어보니 상가 철거까지는 반년 이상이 남았고, 임대차계약은 곧 종료 예정이었다. '철거 전까지는 임대료를 안 내고 운영할 수 있지 않을까?' 상가 철거 기간과 임대차계약 종료 사이의 시차를 이용해 수익을 낼 방안이 순간 머릿속을 스쳤다. 나는 곧 지인에게 팝업술집을 운영해보면 어떻겠냐고 제안하며, 임대차계약 기간이 끝난 후에도 가게는 운영하되 철거 시점까지 월세를 안 내는 조건으로 임대인과 협의를 해보라 조언했다. 공실이더라도 철거 전까지 상가 관리비를 누군가 내야 했고, 어차피 권리금 보호를 받지 못하니 남은 기간 동안 고정비(월세)라도 줄여 장사를 해보자는 의도였다.

다행히 임대인은 렌트 프리를 수락했고(당시 월세 100만 원, 별도 관리비 약 80만 원), 지인과 함께 적은 비용을 들여 내부를 부분 리뉴얼했다. 그렇게 2017년 10월, 하이볼을 파는 캐주얼 술집, '여의도 하이볼'을 오픈했다. 월세를 내지 않아도 되니 고정비에 대한 부담이 한결 줄어들었다. 거기에 소액 자본으로 공간에 새로운 콘셉트를 베타테스트하듯 시도해볼 수 있으니 모두에게 윈-윈인 결과였다.

원래는 시험 삼아 하나만 시도해보려 했던 팝업술집은 생각보다 빠른 속도로 2호, 3호까지 오픈하게 되는 등 확장세를 탔다. 첫 번째 팝업술집을 오픈한 이래 두 달 만에 연달아 새로운 공간을 열었다. '개인의 취함'이라는 테마로 만들어진 2호점은 또 다른 지인의 주선으로 임대인과 연결이 되었다. 부평 먹자골목 내 재개발 아파트 상가에 위치한 곳이었다. 소주 소비가 중심이던 부평 먹자골목에 개인의 술 취향을 존중하는 공간을 만들자는 뜻으로 가게 이름을 '개인의 취함'이라 지었다. '여의도 하이볼' 오픈 한 달 후인, 2017년 11월의 일이다.

'방배동 소설집'이라 이름 붙인 3호점은 소셜 미디어를 통해 연결된 경우다. 페이스북에 올린 팝업술집 포스팅을 본 한 선배가 방배동에 철거를 앞둔 상가를 알고 있는데 괜찮은 장소니 뭐라도 해보지 않겠냐며 연락을 해왔다. 빨간 벽돌 건물이 인상적인 공간에 매력을 느껴 조용하게 술 한잔하며 책을 읽을 수 있는 가게로 콘셉트를 잡아 운영해보기로 했다. 소설가를 지망하던 친구가 매니저를 맡기로 했고, 역시 일사천리로 진행되어 2017년 12월 오픈했다.

팝업술집의 경우 가게당 평균 500만 원대 비용으로 새로운 시도를 해봤다는 점에서 의미가 있었다. 보증금과 권리금 제외, 월세도 평균 50만 원 정도였기에 지출 부담도 없었다. 단기간에 적은 비용을 들여 그동안 시도해보고 싶었던 아이템을 마음껏 구현해볼 수 있었던 즐거운 경험이었다.

▲ 적은 돈을 들여 새로운 시도가 가능했던 팝업술집 프로젝트 공간들. 왼쪽 위에서부터 시계방향으로 '개인의 취함', '방배동소설집', '여의도 하이볼'의 내·외부 모습이다.

물론 건물이 애초 일정보다 너무 빨리 혹은 늦게 철거될 경우 다음 계획을 면밀히 세우지 못한다는 단점도 있었다. 곧 철거될 상가이기에 주변 상권의 활기가 없다는 것도 운영상 어려운 지점이었다. 순익도 제로에 가까웠다. 결국 시도는 좋았지만, 투자금 일체를 비용으로 쓴 채 마무리해야 했다. 비교적 적은 금액으로 다양한 콘셉트를 테스트하며 가능성을 타진해본 이점은 있었으나, 이익이 나지 않았다는 점에서는 실패라고 평가할 수 있다.

가게 이름	투자금	조건 및 결과
'여의도 하이볼' (6개월 운영)	200만 원 (간단한 시설 변경)	월세 X 관리비만 지출 (월 80만 원)
부평 '개인의 취함' (2개월 운영)	600만 원 (전체 시설 변경)	월세 100만 원
'방배동 소설집' (10개월 운영)	800만 원 (전체 시설+설비 변경)	월세 30만 원
순수익	총 1,600만 원	순익 0원

▲ 팝업술집 프로젝트에 들어간 투자금과 조건 및 결과. 총 투자금 1,600만 원으로 가게 세 곳을 운영해볼 수 있었다.

만약 가게는 운영해보고 싶은데 비용이 부담스럽다면, 혹은 잘할 수 있을지 확신이 없다면, 팝업 형태로 공간을 운영해보는 것도 방법이다. 요즘은 공간을 운영하는 형태도 다양해졌고, 임대인의 마인드도 달라져서 단기로 공간을 임대해 가게를 운영해보는 게 그리 어렵지 않다. 만약 내가 해보고 싶은 아이템이 있는데 비용이나 지속성 등에서 자신이 없을 때는 '팝업술집 프로젝트'처럼 작은 모험으로 시작해보면 어떨까?

'팝업술집 프로젝트' 계열에 포함하긴 어렵지만 그 번외편 격인 공간도 하나 운영했었다. 2018년도부터 2020년도까지 운영했던 신촌의 '보통술집'이 그곳이다. 대학 선배가 퇴사 후 술집을 해보고 싶다며 오픈한 공간을 선배의 개인 사정으로 내가 인수하게 되었다. 2층에 30평 규모 공간이라 인수를 망설였지만 여러 판단 끝에 운영을 결심했다. 하지만 실적은 생각보다 좋지 않았고, 계약 기간 2년을 겨우 채운 뒤, 폐업을 감행해야 했다.

가게 이름	투자금	조건
'보통술집' (2018년 5월 ~ 2020년 5월까지 운영)	2천만 원 (보증금만 지급)	보증금 2천만 원 월세 130만 원
	월평균 매출	**월평균 지출**
	300만 원	400만 원
순수익	약 -2천만 원 (보증금 2천만 원 포함, 총 0원)	

▲ 총 투자금 2천만 원, 총 지출금 2천만 원, 순수익 0원으로 마무리한 '보통술집'

'보통술집'은 선배가 인테리어 및 설비를 해뒀기에 투자금은 따로 들지 않았다. 공간 보증금 2천만 원만 내면 되는 부담 없는 상황이었다. 하지만 가게 매출은 크지 않았고 월세 등 지출이 매달 더 들어 갔다. 결국 보증금으로 넣어둔 2천만 원을 다 까먹은 채 마무리해야 했다. 보다 다양한 공간을 운영해보고 싶다는 욕심에, 수익이 날 확률이 높지 않다는 걸 알면서도 가게 인수를 쉽게 외면하지 못한 결과였다.

──── • '신촌극장'(2017~2020년)과 '신촌살롱'(2018~2021년)
: 콘텐츠가 중심인 공간의 운영 방식

두 공간은 앞선 가게들과는 또 다른 형태로 만들어졌다.
'신촌극장'은 많은 분의 후원금으로 신촌에 지어진 소극장이다. 다
양한 문화예술을 즐길 공간으로 만들어졌기에 수익성을 추구하기
보다는 공공성을 중시하는 비영리 성격이 강했다. 동아리 선배와 공
동대표로 시작했지만, 영리를 중시하는 나의 지향성과 일치하지 않
는 이 공간을 운영하는 일은 사실상 어려웠다.

이후 '신촌극장'은 공동대표였던 선배가 단독으로 운영 중이다.
이곳은 백상예술대상 수상 후보들이 열연한, 작품 리스트가 좋은 극
장으로 단기간에 성장했다. 기업이나 지역자치단체의 지원으로 만
들어진 소극장들도 '신촌극장' 사례를 롤모델 삼아 공부할 정도다.

▲ 많은 분들의 후원으로 지어진 '신촌극장'. 기업이나 지자체 후원으로 만들어진 소극장들의
롤모델로 자리를 잡은 공간이다.

'신촌극장'은 자신만의 개성과 지향성을 가지고 운영하며 순조롭게
자리를 잡은 대표적인 문화 공간이 되었다.

'신촌살롱'은 비영리 사단법인 '루트임팩트'와의 협업으로 시작된
공간이다. 당시 '루트임팩트' 이사였던 분이 '신촌극장'의 후원자였
는데, '신촌극장' 건립 펀딩 때부터 오픈할 때까지의 과정을 긍정적
으로 봐준 것이 인연이 되었다. 그분께서 회사가 운영 중인 성수동
의 한 공간을 '신촌극장 팀'이 운영해주면 어떻겠냐는 제안을 해왔
다. 월세 및 소정의 기획비를 지원해주는 조건이었다.

'루트임팩트'가 제안한 곳은 성수동 서울숲 인근 건물의 1층 공간

▲ 비영리 사단법인과의 협업이라는 형식으로 운영된 성수동 '신촌살롱'

이었다. 이 공간을 문화와 사람이 자연스럽게 모일 수 있는 살롱으로 만들어보면 어떨까 하는 생각이 들었다. 그렇게 회사와 계약을 맺은 후 2018년 가을부터 공간 운영을 시작했다. 그때 '영화포스터 B컷전' 등 다양한 전시도 기획했다. 성수동 '신촌살롱'은 데일리 카페 겸 펍으로 커피와 음료를 마시며 전시나 문화 콘텐츠도 향유할 수 있는 공간으로 자리를 잡아갔다.

이곳의 운영은 '신촌극장 팀'에 속한 4인(공동대표 및 운영진)이 대표가 되어 돌아가며 맡았다. 덕분에 고정비에 대한 부담이 전혀 없었다. 하지만 여러 명이 공동대표인 체제로 운영하다 보니 서로가 하고 싶은 영역과 의견이 다양해 일에 속도를 내기가 쉽지 않았다. 또 총책임자가 부재해 앞장서서 소위 '총대를 메고' 전적으로 일하겠다고 나서는 사람이 없었다. 그러다 보니 지향점은 좋았으나 매출 등 성적은 부진할 수밖에 없었다.

이윽고 시간이 흘러 2020년 5월, 회사와 재계약을 새롭게 해야 하는 시기가 돌아왔다. 공교롭게도 코로나19 팬데믹 초기라 공간 운영을 잠시 중단하던 시기이기도 했다. 재계약 여부를 비롯해 재계약을 할 경우 향후 어떻게 운영할지를 4인이 모여 상의했다. 논의 결과, 2인은 경영에서 손을 떼기로 했고, 남은 두 명 중 내가 공간을 도맡아 운영해보는 쪽으로 결론을 내렸다.

운영 책임의 소재를 전보다 분명히 하게 되자 더 적극적으로 움직이게 되었다. 사비를 들여 보다 '성수동스럽게' 조명과 가구, 소품 일체를 바꿔보기로 했다. 이 지역을 찾는 젊은 타깃에 맞춰 잔술 메뉴를 다양화하고 가격도 부담이 없는 선으로 조정했다. 성수동에서 시작된 수제 맥주 브랜드를 입점시켜 동네 분위기를 강조하기도 했다. 문화 콘텐츠도 전시 중심에서 재즈 라이브 등 술을 마시며 편하게 즐길 수 있는 공연 형태로 구성을 바꿨다.

2020년 5월 리뉴얼 후 '신촌살롱'의 매출은 단위가 달라졌다. 그전까지 월 100~200만 원대 매출을 내던 것에서 월 1,000만 원대로 훌쩍 뛰었다. 주말이면 자리가 없어 기다리던 손님들이 돌아가기가 다반사였고, 평일 저녁에도 꽤 많은 손님으로 공간이 채워졌다. 하지만 가게 운영이 늘 그렇듯 좋은 순간만 이어지지 않았다.

2020년 10월부터 코로나19 팬데믹 상황이 심각해지면서 인원 및 영업시간 제한, 테이크아웃만 허용 등의 이슈가 생겼다. 공연이나 행사를 진행하는 것도 어려워졌다. 협력사에서도 더 이상 계약 연장을 원하지 않았다. 이 공간을 사회적 기업에 맡기는 게 좋겠다고 판단한 것이다. 여러 외부 요인들이 작용해 2021년 5월, '신촌살롱'은 계약 종료와 함께 영업을 마감하게 됐다.

가게 이름	투자금	조건
'신촌살롱' (단독 체제로 약 12개월 운영, 2개월은 팬데믹으로 휴무)	500만 원 (내부 리뉴얼)	월세+소정의 기획비 지원
	월평균 매출	**월평균 지출**
	700만 원	400만 원 (공연 등 진행비 포함)
순수익	3,800만 원 (리뉴얼 투자금 제외, 총 3,300만 원)	

▲ 월별 편차가 크긴 했지만, 전반적으로 꽤 높은 순익을 기록했다. 총 순익은 3,300만 원 정도였다.

'신촌극장'과 '신촌살롱'은 둘 다 문화 콘텐츠가 주인공인 공간이었다. 이런 공간들은 단순히 매출과 실적으로만 성공 여부를 판단할 수 없다. 자리를 잡기까지 전문가나 기업 등의 지원과 후원도 필요하다. 한때 복합 문화 공간이 유행처럼 생기던 시절이 있다. 이런 공간들은 설립의 취지는 좋지만 투자자나 기업의 후원이 없다면 유지 및 운영이 어려울 수도 있음을 참고하길 바란다.

⊛ 원부연의 비즈니스 노트

문화 콘텐츠가 주인공인 복합 문화 공간은 어떻게 운영해야 할까? 먼저 음악, 미술, 공연 등 주력으로 진행할 콘텐츠의 방향을 정해 공간을 세팅해야 한다. 또한 최소 1년 이상, 자리를 잡기까지의 고정비를 어떻게 충당할지에 대한 자금 계획이 중요하다.

사업자가 신고해야 할 세금의 종류

사업을 운영할 때 가장 신경 써서 챙겨야 하는 분야가 바로 세금 문제다. 봉급생활자일 때는 1년에 한 번 간소한 절차를 거쳐 연말정산을 하면 되지만, 사업자의 세금 신고는 이전과는 다른 복잡한 절차를 거쳐야 한다. 세금에 대해 미리미리 대비를 해둬야만 소리 없이 새어나가는 돈을 막을 수 있다. 사업을 한다면 우선적으로 챙겨야 할 주요 세금에 대해 알아보자.

1. 1년에 2번, '부가세 신고'

우리가 지불하는 물건값이나 서비스 금액에는 부가세 10%가 포함되어 있다. 그래서 부가세를 포함해 물건 혹은 서비스를 판매하여 매출이 발생한 생산자는 부가세를 신고하고 해당 금액(세금)을 기한 내에 국세청에 납부해야 한다. 부가세 신고는 1년에 2번 이루어지며 (상반기에 1회, 하반기에 1회) 1월부터 6월까지 받은 부가세는 익월인 7월에, 7월부터 12월까지 받은 부가세는 다음 해 1월에 신고한다. 소비자로부터 받을 때는 전부 내 것인 줄로만 알고 대비하지 않았다가, 뒤늦게 매출에서 10%를 떼어 부가세로 내려면 지출에 큰 타격이 올 수도 있다. 그래서 돈 관리를 꼼꼼하게 하는 창업자일수록 부가세 납부용으로 세금 통장을 별도로 만들어 매출의 10%를 따로 관리한다. 물론 사업장 운영을 위해 물건을 구매한 경우에는 매입액에 대한 부가세 환급을 받을 수 있다. 하지만 매출이 매입보다는 높을 수밖에 없기에(그 반대는 적자라는 뜻이므로) 추가로 내야 하는 세금에 대한 철저한 '세테크'가 필요하다. 여기까지는 일반과세자의 영역이다.

일반과세자가 아닌 간이과세자의 경우에는 부가세를 내지 않아도 된다. 대신 부가세 환급도 불가능하다. 간이과세자 조건은 연 매출 4,800만 원 이하여야 하며, 일부 업종 혹은 지역일 경우 적용되지 않는다. 만약 초기 지출이 크지 않다면 간이과세자로 사업자등록을 한 후 일반과세자로 전환하는 것도 방법이다. 기준 매출이 넘으면 내가 신청하지 않더라도 간이과세자에서 일반과세자로 자동 전환된다.

2. 1년에 1번, '종합소득세 신고'

연말정산을 하는 직장인과 달리 사업자는 매년 5월에 종합소득세 신고를 해야 한다. 매출 규모에 따라 신고 방법이 달라지며 정산 과정도 상당히 복잡해 보통 세무사를 고용해 신고한다. 매출이 높고 낮음에 따라 간편장부 대상자와 복식부기 의무자로 나뉘며, 기준 경비율 적용 대상 여부도 달라진다.

세무사를 통해 신고를 대행하는 경우에는 세무사 비용을 추가로 책정해야 한다. 간혹 부가세나 종합소득세 신고 때만 세무사를 고용하는 경우도 있으나 이는 일회적이라 추천하지는 않는다. 문제 발생 시 책임 소재가 분명하지 않고 세무서에서 문의가 올 경우 대응에 어려움이 있을 수 있어서다. 그래서 매출 규모나 사업장 형태에 맞춰 매월 세무 대행료를 지급해 꾸준하게 매출과 지출을 관리해줄 세무사를 고용하는 게 좋다.

종합소득세는 1년 동안 번 돈에서 쓴 돈을 뺀 금액을 기준으로 과세 구간별 세금을 부가한다. 직장인들처럼 사업자도 세테크를 할 수 있는 방법이 몇 가지 있다. 자동차 리스비 등 경비를 추가하는 방법, 중소기업중앙회에서 운영하는 노란우산공제에 가입해 납입한 금액만큼 소득공제를 받는 방법(최대 500만 원), 연금저축 상품 등에 가입해 소득공제를 받는 방법(상품별 300~400만 원 수준) 등이 있다.

콘텐츠로 소득을 다양화하다

'원부술집'을 시작으로, 운영하는 공간을 여러 곳으로 확장하는 등의 새로운 시도에도 불구하고 수익 측면에서 사업은 제자리걸음이었다. 고민은 점점 늘어났지만 마땅한 대안은 떠오르지 않았다. 매출 부진을 타개할 해결책을 공간 운영 안에서만 찾는 것으로는 한계가 보였다. 매출의 선순환 역시 이루어지지 않았기에 추가 자본을 투입할 여력도 되질 않았다.

공간 운영이 아닌 다른 창구로 돌파구를 찾아야 했다. 내가 잘할 수 있는 방향이라면 뭐든 시도해보고 싶었다. 새롭게 무언가를 기획하고 전달하는 게 지난 시절 나의 본업이자 장점이니 여기서부터 출발해보기로 했다. 우선 떠오른 아이디어는 나만의 콘텐츠(다양한 공간 운영 경험)를 활용해보는 것이었다.

확장의 첫 시작은 작가로서 저작권료를 받는 일이었다. 작가라는 새로운 커리어를 쌓게 된 건 공간 오픈 전부터 창업의 전 과정 및 운영 이야기를 기록해둔 블로그 덕분이었다. 블로그 기록을 통해 출판 제안이 왔고, 출판 계약 후 시장에서 더욱 매력적으로 팔릴 만한 콘텐츠로 다듬는 과정을 거쳐 생애 첫 책을 출간했다. '인세'라는 새로운 수익이 생겼고, 출판 후 책에 대한 입소문으로 강연 요청도 들어오기 시작했다.

나만의 콘텐츠로 '원부연'이라는 브랜드를 확장할 수 있었던 것은 수년 이상 꾸준히 남긴 기록 덕분이었다. 이를 통해 어떤 형태와 매체를 통해서건 지속성이 있어야 결과와 보상이 따른다는 사실을 경험했다. 이 글을 읽고 있는 독자들도 나의 생각에 동의하신다면 글, 영상, 그림 등 어떤 형태든 바로 지금부터 기록을 시작해보길 권한다. 내용이 무엇이든 기록을 남긴 사람과 생각에만 그친 사람의 1년 후는 엄청나게 다른 결과를 맞이할 것이다.

──── 공저로 '작가' 데뷔를 하다

 2017년 초 한 출판사에서 연락이 왔다. 이제는 골수 팬덤이 생긴 유명한 도서 시리즈 '북저널리즘'을 론칭한 '스리체어스'라는 출판사였다. 이곳에서 독립 술집을 운영하는 사장님들의 이야기를 책으로 담고 싶다는 제안을 했다. 당시 '원부술집'에 자주 오던 단골손님 중에는 언론사 기자가 많았는데, 그중 한 분이 내 블로그와 '원부술집'을 추천한 것이다.

 출간 작업을 계기로 지금까지도 친하게 지내는 서재준 에디터가 찾아왔다. 서재준 에디터는 '독립서점'이라는 말은 많이 하는데 왜 '독립술집'이라 불리는 곳은 없는지 궁금하다며, 이와 관련된 콘텐츠를 만들고 싶다고 했다. 당시 독립서점이라는 말이 유행하며 다양한 형태의 책방들이 곳곳에서 생겨나던 때였다. '원부술집' 근처에도 유명한 동네 서점이 2호점까지 오픈해 운영 중이었다.

 '독립술집'이라니! 듣자마자 뭔가 굉장히 특별한 단어라는 생각이 들었다. 에디터의 문제의식에도 공감이 갔다. 주인의 취향껏 책을 큐레이션 하는 서점처럼 운영하는 사람의 고유한 개성이 살아 있는 술집도 많을 것이라고 생각했다. 서재준 에디터는 '원부술집'을 포함해 다섯 군데 정도의 공간을 소개하고 싶다며 나에게 리스트를 보여줬다. 대부분 내가 몰랐던, 생각보다 다양하고 흥미로운 공간들이었다. 이렇게 많은 콘셉트와 형태의 술집들이 있다는 게 오히려 신기했다.

몇 가지 기준을 두고 리스트에서 책에 실을 다섯 군데의 독립술집을 선정했다. 직장인 소셜 클럽을 지향하는 '원부술집'을 시작으로, 한국식 술집을 운영하는 사장, 집과 프리스타일 바를 한 공간에 두고 운영하는 사장, 낮엔 플로리스트로 일하고 밤에는 오뎅바를 하는 사장, 신학을 전공하다 와인 비스트로를 운영하게 된 사장까지, 총 다섯 명의 독립술집 사장이 출간 작업을 함께했다. 그렇게 2017년 12월, 《합니다, 독립술집》이라는 책이 세상에 나왔다.

계약서를 작성한 후 계약금이라는 걸 받았다. 인세에 대한 개념도 처음으로 접했다. 인세란 종이책이나 전자책이 독자에게 팔릴 경우, 도서 정가의 일정 비율을 저자에게 지급하는 개념이다. 《합니다, 독립술집》은 저자가 다섯 명이라 인세를 5분의 1로 나눠 받아야 했지만, 이렇게 돈을 벌 수 있다는 사실이 신기했다. 내가 글로 돈을 벌다니! 저자로서 책을 출판했다는 기쁨 역시 생각 이상으로 컸다. 책 썼다는 사람을 주변에서 여럿 보긴 했는데 내가 저자가 되어 표지에 이름으로 올라간다니! 출판사 역사상 2쇄를 찍은 첫 책이라는 것도 축하할 일이었다.

생애 첫 출판을 통해 내 생각을 한 권의 책으로 엮어 그 결과물을 사람들과 공유하는 일이 꽤나 즐겁다는 사실을 체험했다. 내가 그

일을 제법 진지하게 생각한다는 사실도 더불어 깨달았다. 블로그에 수많은 글을 써서 올렸고 광고회사를 다니며 다양한 기획서를 작성했지만, 나를 작가로 브랜딩할 생각은 해본 적이 없었다. 물론 작가로 돈을 번다는 건 쉽지 않은 미션이다. 하지만 새로운 수익의 파이프라인이 필요했던 시기, 때마침 찾아온 단행본 출간 제안과 그로 얻은 작가라는 타이틀은 가뭄의 단비와도 같았다. 그렇게 나는 작가라는 '새로운 타이틀'을 획득하게 되었다.

──→ 단독 저자로 창업 에세이를 쓰다

첫 책을 출간하고 나니, 나만의 공간 창업기를 담은 '창업 에세이'를 두 번째 책으로 써보면 어떨까 하는 생각이 들었다. 가능하면 단독 저자로 출판 기회를 잡고 싶었다. 이번에는 블로그에 열심히 기록해온 창업기가 인연을 만들어주었다. '책읽는수요일'이라는 제법 큰 출판사의 마케팅 담당자가 나의 창업기를 너무 재미있게 읽었다면서 책으로 내보자고 제안해왔다. 창업에 관심을 갖고 정보를 찾던 중 내 블로그를 보았다고 했다.

그동안 내가 경험한 노하우를 잘 엮어서 새롭게 공간을 창업하고자 하는 사람 또는 퇴사 후 두 번째 직업을 고민하는 사람들을 위한 책을 만들어보자는 기획이었다. 생애 두 번째 책이자 첫 번째 단독 저서인 《회사 다닐 때보다 괜찮습니다》의 시작이다. 책 속에는 퇴사를 결심하고 창업을 도모하기까지의 여정을 생생히 담고자 했다. 비용부터 결과까지 모든 과정을 솔직하게 전해 독자들에게 실질적인 도움을 주는 책을 쓰고 싶었다. 퇴사가 무조건 아름답지도, 창업이 마냥 쉽지도 않음을 이야기하고 싶었다. 집필 당시 이런저런 공간을 10개쯤 운영한 경험이 쌓였기에 사례도 풍성하게 전할 수 있었다.

단독 저자로 계약 후 계약금 100만 원을 받았다. 이 계약금은 '선인세'라고도 불리는데 단어 그대로 출판할 책의 인세 중 일부를 미리 당겨서 지급해주는 것이다(따라서 도서 출간 후 인세를 정산할 때, 선인세 금액은 공제된다). 인세는 보통 도서 정가의 8~10%다. 첫 책을 쓰는 작가와 베스트셀러 작가의 인세 차이는 3~4% 이내로 크지 않다. 예컨대 도서 정가가 15,000원이고 10% 인세를 받는 조건으로 출판사와 계약했다면, 책이 한 권 팔릴 때마다 저자는 1,500원의 인세를 가져간다. 만일 1쇄를 3,000부 인쇄한다면, 이때 저자가 받는 인세는 450만 원이다. 금액만 놓고 보면 적지 않은 돈이다. 그러나 기간 대비로 따지면 이야기는 조금 달라진다.

한 권의 책이 출간되려면 기획부터 출판까지 보통 1년 정도 걸린다. 1쇄 인세가 500만 원 수준이라면, 다소 아찔한 시급이 계산된다. 계약금 100만 원을 받은 날 말로 표현할 수 없을 정도로 기뻤지만,

출판은 들이는 시간 대비 비용 아웃풋이 효율적인 산업은 아니었다. 저자라는 타이틀이 주는 무게와 가치에 의미를 부여해야 하는 영역이었다. 나 역시 계약금을 받고 본격적으로 작업에 착수해서 목차 협의 및 원고 작성, 출판에 이르기까지 1년이라는 시간이 걸렸다.

《회사 다닐 때보다 괜찮습니다》는 2018년 8월 출간되었고, 1쇄를 인쇄한 지 얼마 지나지 않아 2쇄를 찍었다. 보통 1쇄 인세는 책이 나오는 즉시 저자에게 지급되거나 판매 부수(총 제작 부수에서 홍보 부수 등을 제외하고 시장에서 실제로 팔린 부수)를 기준으로 정산한다.《회사 다닐 때보다 괜찮습니다》는 정가를 14,000원으로 매겨 1쇄를 3,000부 인쇄했고, 책 출간 후 계약금(선인세) 100만 원을 제외한 나머지 금액 320만 원을 정산해 받았다. 단독 저자로서 처음으로 받은 인세였다.

2쇄부터는 인세 정산 구조가 조금 달라진다. 다음 쇄를 찍어야 정산을 받는다. 가령 2쇄 인세는 2쇄본이 다 팔려 3쇄에 들어가야 정산되는 시스템이다. 하지만 안타깝게도 도서 판매가 부진하여 재고가 금방 줄지 않아 다음 쇄 인쇄가 늦어지는 경우가 있다. 이런 경우 출판사마다 다르긴 하지만 반년 혹은 1년에 한 번 그때까지 팔린 판매 부수를 기준으로 인세를 중간 정산해주기도 한다. 참고로 책으로 출간한 콘텐츠에 대한 출판사의 독점 저작권 유효 기간은 보통 출판 시점을 기준으로 이후 5년까지인데, 최근에는 다양한 채널로 콘텐츠를 소비하는 추세에 따라 그 기간을 3년으로 하는 곳도 많아졌다.

《회사 다닐 때보다 괜찮습니다》는 이제 곧 4쇄 인쇄를 눈앞에 두고 있다. 요즘 같은 때 2쇄를 찍는 것조차 쉽지 않은 게 현실인데, 출판한 지 3년이 지난 책의 성적으로는 꽤 선방했다고 볼 수 있다. 이 정도 판매면 대박이라고 이야기해주는 분도 있었다. 하지만 작가라는 타이틀로 그다음 책을 쓰기에는 중간 이하인 성적이었다. 보통 10쇄 정도는 찍어야 출판사들로부터 다음 책을 쓰자는 제안이 오기 때문이다. 작가로서 커리어를 더 쌓고 싶다면 고민해야 할 지점이었다.

애매한 결과로 다음 책 집필을 확실하게 기약할 순 없었지만, 책 출간을 계기로 강의 기회가 조금씩 늘어났다. 기업에서 창업 관련 모임이나 수업을 해보자며 제안을 해오기도 했다. 출판사 담당자가 작가는 책으로 명예를 쌓고 강연으로 돈을 번다는 말을 해준 적이 있는데, 그게 어떤 의미인지 실감이 나기 시작했다.

출판과 달리 강의는 들이는 시간 대비 효율이 엄청났다. 강의는 60분 기준으로 많게는 150만 원까지 받을 수 있는 신세계였다. 책과 비교하자면, 한 권의 책을 출판하기까지 걸리는 시간을 1년으로 잡았을 경우에 책 1,000권을 팔아야 150만 원이라는 수익이 손에 쥐여진다(정가 15,000원, 인세 10% 기준). 같은 돈을 벌기 위해 들이는 시간 차는 극과 극이지만 출판 덕에 작가 타이틀을 얻을 수 있었고, 이로 인해 강연자 역할이 더해질 수 있었다.

단행본 출간으로 시작된 새로운 여정은 1년 반을 거치며 강연, 수업, 컨설팅, 자문 등으로 확장되었다. 대체로 창업과 관련된 것이었지만 공간 기획 등 광고 기획자로의 경험을 살릴 수 있는 수업들도 꽤 많았다(9년 동안 회사를 허투루 다닌 게 아니다!). 그렇게 공간을 운영하며 외부 일들을 소화하던 때, 〈중앙일보〉에서 운영하는 '폴인'이라는 매체에서 새로운 제안을 해왔다. '커리어'를 주제로 석 달간 수업을 해보자는 제안이었다.

────• '커리어' 수업을 계기로 세 번째 책을 내다

2019년 여름, 〈중앙일보〉 '폴인'과 함께 기획한 수업의 주제는 '퇴사 레시피'였다. 사실 커리어라는 주제로 수업을 해보자는 제안을 받았을 때 의문이 먼저 들었다. 커리어 전문가도 아닌, 창업 경험이 전부인 내가 다른 사람들의 커리어에 어떤 도움을 줄 수 있을까 싶었다. 이에 대해 '폴인' 담당자는 요즘처럼 평생직장이 사라진 시대에 직장인들은 모두 두 번째 직업을 꿈꾼다며, 그들과 진로에 대해 이야기해보는 시간은 의미가 클 거라고 했다.

담당자의 설명을 듣고 나니 퇴사와 창업이라는 과정을 먼저 경험한 사람, 내 브랜드의 공간을 통해 직업과 일에 대해 끊임없이 고민한 사람이 수업을 이끌어야 한다면 나도 충분히 자격이 있다는 생각이 들었다. 퇴사하기까지 수없이 고민한 과정, '아름다운시절' 사장 인턴십을 하며 나도 내 브랜드를 만들 준비가 되었다는 확신을 얻었던 경험 등 여러 사례들이 퇴사와 그 이후의 진로를 모색하는 직장인에게 도움이 될 듯했다. 이후 수업의 이름을 '퇴사 레시피'로 정해 개설했고, 대기업부터 스타트업까지 다양한 기업의 직장인이 내 수업에 수강 신청했다.

나는 리더 겸 모더레이터가 되어 수업 전반을 이끌었고, 다양한 사례를 전하고자 추가로 네 명의 연사를 초대했다. 우리은행 재직 중 10억 투자를 받은 후 콘텐츠 스타트업을 시작한 대표, 삼성 등 대기업을 다니다 후배의 제안으로 장르문학 프로덕션을 만든 대표, 본인의 커리어를 유지하면서 8개가 넘는 사이드잡을 하는 기자, 일찍이 사업을 시작했다가 자신의 성향과 맞지 않음을 깨닫고 대기업의 시스템을 배운 후 이직한 스타트업 임원까지 면면이 다양한 연사들의 경험을 공유했다. 수강생들은 일에 대한 철학과 인사이트를 얻으며 퇴사와 진로를 둘러싼 고민과 질문을 나눌 수 있었다.

수업이 끝이 아니었다. 수업 시간에 나눈 이야기를 엮어 '폴인' 플랫폼에도 올리기로 했다. 원래는 녹음한 수업 내용을 바탕으로 외부

에디터가 대화록처럼 간단한 형식으로 정리해 올리려고 했으나, 좀 더 욕심을 낸 내가 저자로서 글 구성을 다시 해보기로 했다. 그렇게 온라인으로 게재된 콘텐츠는 카시오페아 출판사를 통해 2020년 1월, 《퇴사 말고, 사이드잡》이라는 종이책으로도 세상에 나오게 되었다.

《퇴사 말고, 사이드잡》은 현재 3쇄까지 출판했는데, 특이한 점은 콘텐츠에 대한 인세를 온라인 플랫폼과 오프라인 출판사에서 모두 받았다는 것이다. 계약금은 기존에 계약했던 출판사들과 동일하게 각각 100만 원씩, 총 200만 원이었다(두 채널 모두 인세를 먼저 지급하는 선인세 개념으로 준 계약금이었다). 물론 이 금액도 사업소득 등 다른 소득에 비하면 큰 금액은 아니었다. 그러나 콘텐츠의 주제를 '창업 및 사업체 운영'에서 '커리어 및 내 일 찾기'라는 주제로 확장했다는 데 의미를 둘 수 있었다.

이 과정을 거치면서 강의나 수업을 할 수 있는 주제가 이전에 비해 다양해졌다. 퇴사, 창업, 커리어, 개인 브랜딩, 사이드잡, 콘텐츠 기획 등 기업이 원하는 방식에 맞춰 강의 주제 세팅이 가능했다. 때마침 〈놀면 뭐하니?〉라는 예능 프로그램에서 유재석을 통해 '부캐'라는 단어가 유명해졌고, 기업도 직원들의 사이드 프로젝트에 우호적인 분위기로 바뀌면서 내가 가진 콘텐츠에 대한 수요도 늘어나게 되었다.

─────• 다양한 매체를 통해 영역을 확장하다

다룰 수 있는 주제가 많아지고 시대의 변화와 함께 콘텐츠 플랫폼이 증가하면서 내가 글을 쓸 수 있는 루트도 다양해졌다. 즉, 저작권료를 받을 수 있는 창구가 많아졌다. 2020년 초 '폴인'에서 새로운 제안을 건넸다. 자사 플랫폼에 소개할 스타트업 조직문화 관련 글을 써달라는 원고 청탁이었다. 나는 글의 소재가 되는 해당 스타트업에 간헐적으로 출근하고 회의에 참석하며 체험한 내용을 바탕으로 콘텐츠를 만들었다.

완성된 콘텐츠는 2021년 2월 '스타트업 마케팅실이 깨지면서 배운 팀워크의 조건'이라는 제목으로 '폴인' 온라인 플랫폼에 게재되었다. 이어서 2021년 7월, '폴인'처럼 온라인 콘텐츠를 제공하는 플랫폼인 '퍼블리'에서도 청탁이 들어와 '주거 시장을 바꾸는 개척자들'이라는 콘텐츠를 게재했다. 오디오북 플랫폼 '윌라'에서는 커리어 관련 강연을 오디오 콘텐츠로 제작하기도 했다.

종이책과 달리 온라인 기반 플랫폼은 보통 인세(저작권료)를 7:3으로 나눈다. 수업·모임 등의 플랫폼도 위와 비슷한 비율이 적용된다. 플랫폼이 7, 저자·리더가 3을 가져가는 구조다. 종이책처럼 인쇄비나 물류비 등이 들어가지 않기에 저자가 가져가는 비중이 종이책보다 높은 편이다. 다만 이들 플랫폼에 게시되는 콘텐츠는 유료 가입자 및 구독자를 대상으로 하기에 해당 플랫폼을 이용하지 않는 유저에게는 나를 어필할 방법이 없다는 게 단점이다.

다양한 콘텐츠의 저작권이 차츰차츰 쌓이다 보니 관련된 수익도 내가 벌어들이는 전체 수입에서 어느 정도 의미 있는 비중을 차지하게 되었다. 여기에 강연료와 수업료까지 합하니 투입 인원('원부연' 1인) 대비 엄청난 효율이 창출되었다. 공간을 운영하다 보면 가장 힘든 지점이 앞서도 누누이 언급했지만 월세나 인건비 등 만만치 않은 고정비 지출이다. 출판과 강연은 이 부분에 대한 손실이 적어 적자 리스크가 없다는 게 장점이었다.

경험해본 바에 따르면, 인세 등 저작권료는 한번 콘텐츠를 만들어두면 내가 상시 노동을 하지 않아도 그것으로 인해 수익이 들어오는 불로소득(노동을 하지 않고도 얻는 소득의 개념)이었다. 돈이 나를 위해 일하는 구조가 만들어지는 것이다. 크리스마스마다 들려오는 캐럴 저작권료가 더 이상 부럽지 않다는 생각이 들었다. 액수 차이는 크겠지만, 나만의 저작권으로 수익을 만든다는 게 의미 있는 일이라는 점에서 말이다.

2021년도를 기준으로 나의 월평균 저작권료는 60~70만 원 정도다. 강의 및 수업료는 제외한 금액이며 이들까지 합한다면 월 100만 원에서 많게는 300만 원까지 버는 달도 있다. 저작권으로 돈을 벌어본 사람이라면 이 금액이 꽤 적지 않음을 알 것이다. 전업이라면 힘들겠지만 작가로서의 부수입이라면 나쁘지 않은 금액이다.

직장을 다니며 글을 쓰는 작가를 꿈꾼다면 충분히 시도해봄직한 일이라고 생각한다. 꼭 작가가 아니더라도 저마다의 재능을 발휘해 부수입을 올리는 건 선택이 아닌 필수일지도 모른다. 스마트 스토어 등으로 상품을 판매해 돈을 버는 것도 좋지만, 내 재능을 기반으로 도전할 수 있는 프로젝트를 더욱 권하고 싶다. 금액이 적더라도 할 수 있는 데까지 수익화하는 데 도전해보며 말이다. 그래야 퇴사 후 두 번째 직업을 갖는 일을 보다 안정적으로 시작할 수 있게 될 것이다.

글 써서 얼마나 벌 수 있을까?

콘텐츠로 저작권료를 받고 싶은 사람들을 위해 비용에 대한 구조를 팁으로 소개하고자 한다. 콘텐츠 생산자로서 해당 산업의 수익 배분 구조를 자세히 알 필요는 없지만, 알고 접하는 것과 모르고 대하는 것은 분명한 차이가 있다. 수익 또한 기대한 것보다 높거나 낮을 수도 있다. 다음의 오프라인 종이책과 온라인 플랫폼 수익 배분율을 비교한 내용을 살펴보고, 자신이 세운 저작권료 수익 목표가 있다면 이를 기준으로 현실성을 검토해보길 바란다.

매체마다 저마다의 특성상 저작권 수익 배분 비율이 다르다. 중간 유통 등 마진을 책정할 필요가 없는 온라인 플랫폼의 경우, 저자에게 돌아가는 수익이 오프라인에 비해 높다. 다만 대부분 플랫폼에 가입한 유료 고객에게만 콘텐츠를 제공하기에 대중적인 홍보에는 적합하지 않을 수 있다.

다음 표의 내용은 내가 경험한 경우를 기준으로 정리했기에 개별 매체에 따라 구체적인 수익 배분율은 다를 수 있다. 표에 기입하지는 않았지만, 모임 플랫폼 역시 온라인 플랫폼과 수익 배분율이 비슷하다. 작가나 콘텐츠 제작자로서 저작권 수익에 관심 있던 분들이라면 다음 내용을 참고해 계획을 세워보자.

	온라인 플랫폼	오프라인 종이책
콘텐츠 판매 수익 배분율	작가 30%	작가 정가의 8~10% (전자책의 경우, 매출의 15~25%)
	플랫폼 70% (유료 구독자 대상)	인쇄 등 제작비 25~30%
		물류 및 마케팅비 10~15%
		서점(중간 유통 마진) 40%
		출판사 10% 전후 (대형 출판사의 경우 물류, 유통 등에서 세이브 가능)

< **Stage 4** >

커리어의 영역을 한 번 더 확장하다

작가가 되면서 새로운 수익 창구를 만들었지만 절대적인 인세 금액은 적은 편이었다. 출판이라는 산업의 특성상 한계도 분명 존재했다. 강연이나 수업을 통해 확장을 시도했고 들이는 시간이나 인력 대비 높은 효율이 나왔지만, 그 역시 누군가 나를 찾아줘야 가능했다.

다시 고민이 시작되었다. '외부 기업이나 플랫폼에 의지하지 않고, 나만의 콘텐츠를 확장한다면 어떤 방향이 있을까?' 그러다 가게 직원 중 한 명이 창업 관련 수업을 직접 만들어 운영해보면 어떻겠냐고 제안했다. '이거다!' 싶었고 뭔가 될 것 같은 기분이 들었다.

창업을 주제로 자체 커리큘럼을 만들어 지속적인 수업 운영이 가능하다면? 침체된 기존 공간 사업, 애매한 저작권 수입, 의존도 높은 외부 강의 등 다양한 문제를 해결할 수 있을 것 같았다. 곧바로 머릿속으로 '행복 회로'를 돌리기 시작했다. 물론 새로운 시도의 결과가 좋지만은 않았지만, 덕분에 의미 있는 단서들을 찾을 수 있었다. 이번 장에서는 그 다사다난했던 과정을 소개해볼까 한다.

──── 공간 창업 관련 '수업 브랜드'를 만들다

사실 공간 창업에 대한 현실적인 수업이 있으면 좋겠다는 생각을 꽤 오랫동안 해왔었다. 준비 없이 열정만 가지고 창업하는 사람이 생각보다 많아서다. 열정만으로 창업했다가는 돈과 시간, 나의 에너지를 모두 잃을 수도 있는 법. 특히 직장생활 경험만 있는 사람이라면 준비 없이 무모하게 창업에 도전했다가 인생의 큰 실패와 함께 최악의 시간을 맞이할 수도 있다.

나와 비슷한 시기에 창업한 지인의 폐업 소식 또한 안타까운 사례였다. 친한 광고회사 선배였는데, '원부술집'을 본 후 자극을 받아 퇴사 뒤 요리 주점을 오픈했다. 시작은 좋았지만 경영 과정에서 몇 차례 어려움이 있었고 결국 이 고비를 넘기지 못했다. 선배 역시 오랜 시간 어머니가 장사해온 모습을 봐온 터라 치밀한 준비를 했음에도 살짝 삐걱한 순간 상황은 걷잡을 수 없이 어려워졌다. 총 2개의 가게를 연이어 오픈했지만 결국 첫 가게를 헐값에 처분해야 했다.

블로그나 책을 보고 내 가게를 찾아온 직장인들 중에는 창업에 대한 궁금증을 가지고 방문해 상담을 요청하는 분들도 계셨다. 하지만 가게 운영 시간 중 찾아온 분들께 차분하게 이야기를 들려주기란 쉽지 않았다. 또한 막상 발 벗고 제대로 도와주려면 너무 많은 시간을 할애해야 했다.

다양한 공간 창업 ▶ 창업기 기록 ▶ 출판·콘텐츠 확장 ▶ 외부 강연

▶ 자체 커리큘럼을 통한 '수업 브랜드' ▶ 공간·콘텐츠 활성화

▲ '수업 브랜드' 아이디어가 위와 같이 선순환되면, 기존 사업에 큰 도움이 될 것이라고 판단했다.

그간의 이런 경험과 문제의식을 바탕으로 나는 창업에 관심 있는 사람을 대상으로 수업 커리큘럼을 만들어보기로 했다. '창업하려면 최소한의 기본기는 있어야 한다', '이 수업을 들으면 창업 실패 확률을 90% 이상 줄일 수 있다', '준비 없이 절대 창업하지 마라' 등의 메시지를 전하는 것을 콘셉트로 잡았다. 수업 홍보 및 모객, 운영 방식에 대한 디테일한 계획은 나중에 생각하기로 했다. 일단 내용부터

제대로 짜는 게 우선이었다.

커리큘럼 구성에만 반년 정도 걸렸다. 각고의 노력 끝에 커리큘럼을 완성한 후, 본격적으로 수업을 열기에 앞서 테스트 수업을 해보기로 했다. 적정 인원을 파악하기 위해서였다. 처음엔 20명 정도 모객을 했는데, 사람이 많아 깊이 있는 대화가 어려웠다. 그렇게 10명, 8명 등 수업 인원을 다양화해서 테스트해본 결과, 6~7명 정도가 적당하다는 결론이 나왔다. 수업 시간은 회당 2시간 이내로 하되, 실습 과정을 더했다.

비용은 4개 커리큘럼 수강 기준, 25만 원으로 책정했다. 소수로 진행되는 타 수업과 다수로 진행되는 수업 금액을 비교해본 후 그 중간 값보다 조금 아래로 잡았다. 소수로 진행하는 수업의 경우, 보통 시간당 10만 원으로 수업료를 책정하는 게 일반적이었는데, 내가 생각하기에도 높은 비용이었다. 시간당 4~5만 원 수준이 적당할 것 같았다. 체험 삼아 가볍게 신청하는 분도 있을 테니 부담스럽지 않은 선에서 책정하기로 했다. 인원과 비용에 대한 고민을 마친 후 본격적으로 주제를 정했다.

'술집(가게) 뽀개기' 창업 수업 커리큘럼

1회) 나만의 공간을 기획하고 실행하는 방법

2회) 상권을 찾고 분석하는 법

3회) 메뉴(술, 안주 등)를 운영하며 손님을 대하는 방법

　　(시음 등 실습 추가)

4회) 효율적으로 폐업을 준비하는 법

▲ 내가 구성한 창업 수업 커리큘럼 기본안. 총 4회의 수업을 통해 수강생들이 공간 창업의 시작부터 폐업까지 두루 지식을 얻을 수 있게 구성했다.

　수업 진행자는 나와 '모어댄위스키' 메인 바텐더, 폐업을 직접적으로 경험해본 앞서 언급한 예전 광고회사 선배, 부동산 전문가 네 명으로 구성했다. 4개 커리큘럼, 3주 출석이 기준이었다. 3주 출석을 기준으로 삼은 이유는 4주 이상으로 할 경우 중도 포기자가 생길 것 같아서였다.

　블로그를 중심으로 수업을 알리며 모객에 나섰지만 그 과정이 쉽진 않았다. 클래스당 6~7명이 목표였으나 늘 4명 전후의 애매한 인원이 모였다. 포스터 제작, 홍보, 모객, 수업 진행, 강연자 관리까지 들여야 할 품은 너무 많았다. 고정 수업료가 있으니 적자는 아니었지만 시간 손실이 굉장히 컸다. 만약 창업 수업 운영 및 준비에 들어가는 시간을 돈으로 환산한다면 명백한 적자였다.

하지만 수업을 듣기 위해 부산, 목포, 영광에서도 올라오실 정도로 열정적인 수강생이 많았다. 덕분에 수업을 하며 기대보다 더 큰 보람을 느꼈다. 그럼에도 불구하고 두 달에 한 번 간격으로 혼자서 수업을 위한 모든 과정을 진행하기에는 시간적으로 많이 벅찼다. 그렇게 창업 수업을 7회 정도 운영해보니 이는 개인이 홀로 할 수 없는 영역임을 깨닫게 되었다.

─────• 기업 플랫폼을 활용하다

2018년 1월부터 10월까지, 총 7회의 수업을 진행했지만, 외부 도움 없이 자체적으로 창업 수업 브랜드를 유지한다는 게 쉽지 않음을 깨달았다. 포기할까도 싶었지만 만들어둔 수업 커리큘럼을 그냥 두기엔 아쉬움이 컸다. 이를 활용하기 위해 나는 외부 플랫폼을 다시 찾아 나섰다.

2018년 11월, 처음으로 함께한 플랫폼은 '한겨레교육'이었다. 전통이 있는 오래된 교육 기관으로 주로 영화 제작자나 기자 양성 수업이 중심인 곳이었다. 시대가 변하면서 수업 분야를 다양화하겠다는 플랫폼의 니즈가 있던 차, 기관의 수요와 나의 콘텐츠가 맞아떨어지며 연결되었다. 이야기가 순조롭게 잘 풀려 '공간 창업'이라는 주제를 잡고 모객을 시작해보기로 했다. 다만 플랫폼 방식에 맞춰 조정해야 할 것들이 생겼다.

우선 '한겨레교육' 플랫폼에 맞게 수업료를 다시 책정해야 했다. 횟수를 늘리고 내용을 풍성하게 해 수업료를 보다 높게 잡았다. 회차가 많아진 만큼 수강생이 늘어도 괜찮겠다는 판단에 수강 인원도 15명으로 늘렸지만 모객 결과, 6명의 수강생이 신청했다. 나 혼자 수업을 진행한다면 대여섯 명 수준의 수강생을 받아도 괜찮았지만, 플랫폼 입장에서는 애매한 신청자 수였다.

수업 진행자 입장에서는 모든 일을 플랫폼이 해주니 편리했으나, 플랫폼은 손익분기점도 신경 써야 했다. 내 수업의 경우 수강생 인원이 10명 이상이어야 했는데, 그 수치를 넘지 못한 것이다. 그래도 첫 시도인 만큼 수업 진행 이후 한 차례 더 모객을 해보자 했지만, 다음 회차 수업 신청자 수는 처음보다 더 저조했다. 그 무렵 독서 모임, 재료를 보내주는 온라인 클래스 등이 많아지면서 강의 플랫폼에서도 일대 수업 트렌드가 변하는 시점이었던지라 수강생들이 그쪽으로 몰린 영향이 컸다.

연속으로 모객이 잘 이루어지지 않자 나 역시 '한겨레교육' 측에 죄송한 마음이 들어 다음 회차 수업은 폐강하기로 했다. 이 일은 생각보다 타격감이 컸다. 내 커리큘럼 자체가 별 도움이 안 된다는 생각에 자괴감이 밀려왔다. 내 생각보다 가게 창업에 관심 있는 수요도 없는 듯했다. 그러다 보니 창업 수업 자체에 확신을 가지기 어려웠다. 자본주의 사회에서 수요 없는 공급은 의미가 없는 법. 이후 창업과 관련된 수업은 더 이상 진행하지 않기로 결심했다. 모객에 스트레스를 더 이상 받고 싶지 않기도 했다.

그렇게 계절이 몇 번 바뀌고 창업 수업에 대한 마음이 잊힐 무렵, 이듬해인 2019년 5월 '퇴사학교'라는 플랫폼에서 내 커리큘럼으로 수업을 해보고 싶다며 연락이 왔다. 창업 수업에 대해서는 마음을 접었기에 당연히 거절할 마음으로 담당 기획자를 만났다. 그간의 성적과 나의 고민에 대해서도 허심탄회하게 전했다. 하지만 해보자는 마인드가 강한 기획자였고, 그는 커리큘럼을 일부 수정한 후 수업을 오픈해보자며 나를 설득했다. 다시 마음이 흔들렸다.

'퇴사학교'는 퇴사를 준비하는 직장인에게는 혁신적인 플랫폼이었다. 삼성 출신 대표가 만든, 대기업과도 연계해 교육 프로그램을 제공할 만큼 능력이 검증된 곳이었다. 하지만 나에게 수업 제안이 왔던 시기는 이미 다양한 모임과 온라인 수업 기반 플랫폼이 대세가 된 때였다. '퇴사학교' 역시 이런 외부 요인으로 다소 정체된 시기를 맞이할 수밖에 없었다. 좋은 브랜드, 기획자와 함께했지만 수강생 모객에 대한 기대감은 가지기 어려웠다.

예상은 빗나가지 않았다. 이번에도 수업 신청 인원은 4명 남짓. 모객에 큰 성과를 내지 못했다. 열정적인 학생들과 에너지 넘치는 시간을 보냈지만 플랫폼과 강연자 모두 만족할 성적은 아니었다. 직접 가게를 경영해보는 실습 커리큘럼을 더해보았지만 예비 수요 타깃에게 매력적으로 다가가진 못했다. 결국 한 번의 수업을 끝으로 마감할 수밖에 없었다.

이후 온라인 강의가 대세가 된 시기가 도래했고, 관련된 플랫폼에서 강의 개설 제안을 받기도 했다. 하지만 형태가 어찌 됐든 창업 수업에 대해서는 더 이상 미련을 갖지 않기로 했다. 작게나마 내 수업을 브랜드화 해보자는 욕심도, 완성된 플랫폼과의 협업도 '좋은 시도였다' 정도로 마무리하기로 했다.

───• **모임 플랫폼의 리더가 되다**

창업 수업에 대한 확신이 사라져갈 즈음, 모임 플랫폼 '문토'에서 리더 제안을 받았다. 수업을 준비하면서 고군분투하는 내 모습을 보고 후배 한 명이 가벼운 모임 플랫폼을 진행해보라고 제안한 것이다. 마침 후배가 '문토' 대표와 아는 사이였고 직접 주선까지 해줘 미팅을 진행하게 되었다. 그런데 첫 회의 때부터 다양한 아이디어가 쏟아져 나왔다. 수업의 형태가 아니라고 생각하니 할 수 있는 것도 많아 보였다. 일단 가볍게 한 회 정도 진행해보기로 했다.

여러 주제 중 첫 책의 타이틀이기도 한 '독립술집' 키워드가 매력적이겠다는 결론이 나왔다. '합니다, 독립술집'이라는 제목을 변형해 '갑니다, 독립술집'이라는 이름으로 여러 독립술집을 방문해보는 모임을 기획했다. 총 6번의 모임, 모임당 3시간을 기준으로 구성했다.《합니다, 독립술집》에 소개된 가게를 포함해 주종별로 다양한 공간을 방문하는 것으로 커리큘럼을 정교화해갔다. 단순히 먹고 마시는 모임이 아닌, 공간을 만든 사람과 이야기하는 시간도 가지기로 했다.

과연 이 모임이 인기가 있을까 노심초사했는데, 나의 걱정과 달리 모임은 대히트였다. 20명을 모집했는데 순식간에 모객 마감이 되었고, 수강 신청에 실패한 분들을 위해 반을 하나 더 개설해서 두 개의 반을 편성해 운영하기에 이르렀다. 도합 40명이 모임을 신청한 것이다. 6회 모임에 회비는 20만 원 후반, 먹고 마시는 비용은 별개였다. 도대체 이 비용을 누가 낼까 싶었는데, 걱정은 기우에 지나지 않았다. 술과 사람이 고픈 다양한 직장인이 '갑니다, 독립술집' 모임에 신청했다.

그렇게 2019년 1월부터 10개월간 같은 주제로 많은 모임을 진행했다. 모객을 할 때마다 늘 두 개의 반을 동시 운영해야 했다. 연이은 흥행에 신이 나기도 했고, 다양한 사람을 만난다는 게 새로운 자극이 되기도 했다. 하지만 빛이 있으면 어둠도 존재하는 법. 장점만 있는 건 아니었다. 모임을 시작한 지 8개월 후 나는 이 플랫폼과의 인연을 정리하기로 결심했는데, 모임 플랫폼 특성에서 오는 몇 가지 한계 때문이었다.

가장 큰 이유는 모임 시간이었다. 정해진 회당 모임 시간은 3시간이었지만 술 좋아하는 사람들이 모이니 결코 3시간 안에 모임이 끝나지 않았다. 1차, 2차, 3차… 기본 6시간 이상 술자리로 이어졌다. 늘 열다섯 명이 넘는 많은 사람들과 오랜 시간 술자리를 가지려면 만만치 않은 에너지가 필요했다. 뿐만 아니라 모임에서 파생한 각종 번개 등 외전 모임이 많아지면서 투입 시간은 더 늘어갔다. 대체로 즐거운 경험이었지만, 그만큼 부담감과 피로감 역시 커질 수밖에 없었다.

비용 문제도 있었다. 여럿이 어울리는 술자리다 보니 자리가 파할 때마다 정산을 해야 하는데, 늘 정확하게 N분의 1로 비용을 청구할 수 없었다. 회비를 정하긴 했지만, 가령 늦게 오는 사람의 경우 비용을 다 받는 게 애매했다. 와중에 모임 비용 일부를 내가 챙긴다며 오해하는 사람, 모임 비용이 비싸다며 불만을 토로하는 사람 등 다양한 의견이 나오기도 했다.

모임 신청자들은 30살 전후의 직장인이었다. 서로 다른 개성을 가진 성인이 모이니 말만 리더일 뿐 통솔하기 어려운 지점이 많았다. 한 예로 전통 술집에서 모임을 가진 날 정해진 코스의 술을 마시

기로 약속했지만, 자기는 막걸리가 싫다며 맥주를 달라고 화를 내는
사람도 있었다.

시간이 얼마간 지나자 이 모임 활동이 내 브랜드나 역량 확장에
도움이 되는 건 아니라는 생각이 들었다. 매번 술 마시고 번개에 참
석하다가는 내 일에 소홀해지겠다는 경계심도 생겼다. 그렇게 모임
을 좀 쉬겠다고 담당 매니저에게 이야기한 후 자연스레 플랫폼과의
관계를 마무리하게 됐다. 정말 값진 새로운 관계를 맺었지만, 이 정
도 시간이면 충분하다 싶었다. 다시 내가 추구할 방향을 원점에서
탐색해보기로 했다.

──• 드디어 '의미 있는 수익'을 내기 시작하다

여러 플랫폼을 경험하며 내 콘텐츠를 가장 잘 살릴 수 있
는 방향은 무엇일지 처음부터 고민하기 시작했다. 그때 '배민아카데
미'에서의 강연이 터닝 포인트가 되어주었다. '한겨레교육' 기획자
였던 분이 '배민아카데미'로 이직하면서 강연자로 나를 다시 찾아준
것이다. 목표가 명확한 타깃(사장님 대상)을 상대로 한 강의여서 나 역
시 편히 참여할 수 있었다. 강의는 2019년 초에 진행되었다.

'배민아카데미'에서는 예비 사장님과 현직 사장님들을 위한 다양

한 수업을 무료로 진행했다. 가게 사장님의 성공이 곧 배달 플랫폼의 성장과 연결되어 있기에 '배달의민족' 측에서는 교육 사업 겸 기업의 사회적 책임CSR의 일환으로 아카데미를 진행하고 있었다.

이때 처음으로 기업 강연을 통해 꽤 많은 강연료를 받는 경험을 했다. 당시 받은 금액은 몇 달에 걸쳐 모임, 수업 등을 진행했을 때 받은 금액을 합친 정도에 달했다. 무료 강연이었기에 강연을 들으러 와주신 분도 100여 명이 넘었다. 본 강의실에 자리가 부족해 별도 강의실에서 원격으로 중계했을 정도였다. 개인과 모임 플랫폼에서는 경험할 수 없는 시스템이었다.

무엇보다 교육 사업만을 위한 전담 부서에서 해당 영역에 커리어를 가진 담당자들이 체계적으로 운영해나가는 장면이 인상적이었다. 다소 주먹구구식으로 운영하던 예전의 내 경험과는 전혀 다른 분위기였다. 조직과 시스템의 힘을 느낀 시간이었다. 내가 가진 콘텐츠를 그 정보를 정말 필요로 하는 사람들에게 전달하는 수업을 했다는 것 또한 큰 보람이었다. '배민아카데미'에서의 강연 후 이를 보고 다른 기업에서도 의뢰가 들어오기 시작했다.

이후 콘텐츠진흥원, 서울시청, 현대카드, 해피캠퍼스, 한국일보, 각종 대학교 등에서 강연과 컨설팅을 하며 경험을 쌓아갔다. 초반에는 외부에서 나를 찾아줘야만 비로소 강연을 할 수 있는 수동적인 입장이었지만, 국가 사업이나 스타트업 등에 장기 자문이나 컨설팅을 의뢰받으며 의미 있는 수입이 발생하기 시작했다. 장기 자문이나 컨설팅의 경우 4개월부터 2년까지 계약 기간이 다양했다. 경험치가 쌓이니 얼마를 받아야 하는지에 대해서도 기준이 생겼다. 그렇게 컨설턴트 및 자문가로서 나의 커리어는 한 번 더 확장되었다.

이 글을 퇴고하는 2022년 1월 시점을 기준으로 나는 스타트업 자문 및 국가 사업 컨설팅, 공공기관 콘텐츠 기획 등을 두루 담당하는 중이다. 강연의 경우 팬데믹 영향으로 많진 않지만 간간히 영상으로 진행하는 프로그램에 참여하고 있다. 다음의 표는 자문 및 컨설팅 등으로 받은 수익금을 정리한 것이다. 계약 기간 및 기관마다 받는 금액의 편차는 있지만 월평균 500만 원 이상 꾸준히 수익을 내고 있다.

물론 이 영역도 미래에 대한 불안은 늘 존재한다. 프로젝트가 끝난 후 일거리가 없을 수 있다는 것, 맡는 일에 따라 수익 편차가 일정치 않다는 것은 어쩔 수 없는 부분이다. 다만 정기적으로 수익을 내는 기틀을 만들었다는 데 의미가 있다고 생각한다.

이렇게 자리를 잡을 수 있었던 건 10개의 공간을 창업하고 운영하며 겪은 경험을 바탕으로 단행본 출간, 강연, 수업, 모임 플랫폼 리더 등 다양한 루트로 나의 콘텐츠를 만들고 유통하려는 시도들 덕분에 가능했다. 그 과정에서 여러 실패와 시행착오를 겪었지만, 그런 과정들조차 '나만의 이야기'가 되어 지금의 기회를 맞이하는 토대가 된 것이다. 그래서 독자들에게 이 말을 꼭 하고 싶다. 끊임없이 움직이는 사람일수록 돈을 벌 확률이 더 높아진다는 사실 말이다.

	2020년 하반기	2021년 상반기	2021년 하반기
기업 자문 및 기획	400~500만 원/월평균	400~500만 원/월평균	400~500만 원/월평균
스타트업 자문	–	–	300만 원/월
국가 사업 컨설팅	200만 원/월평균	100만 원/월평균	100만 원/월평균
총합	600~700만 원	500~600만 원	800~900만 원

▲ 2020년 하반기부터 반기별 평균으로 정리해본 사업소득 내역. 저작권과 강연료는 별도다.

Tip

나만의 강의 커리큘럼 만들어보는 법

나만의 콘텐츠를 만들어보라고 이야기했지만 그것을 토대로 막상 수업 등을 구성하려면 막막할 것이다. 다음 표는 '퇴사학교'와 함께 강의를 진행할 때 작성했던 커리큘럼이다. 이 내용을 참고해 만약 내가 강의를 한다면, 또 콘텐츠를 기획한다면 어떻게 해볼 수 있을지 떠올리며 기획안을 작성해보자.

과목	나만의 독립가게 운영하기 워크숍 (가제) 우리, 가게 한번 해볼까? 기획부터 실행까지, 나만의 가게 경영해보기	실라부스	필요성	직장인이라면 한 번쯤 꿈꿔봤을 나만의 가게 창업해보기! 하지만 오랜 불황과 폐업을 생각하면 막상 마음먹기란 쉽지 않습니다 사실 가게를 여는 것은 어렵지 않습니다 유지와 관리와 경영이 어려울 뿐이죠 광고회사 퇴사 후 자영업 6년차이자 여러 공간을 운영하며 창업 강의를 진행하고 있는 원부연은 "창업에도 철저한 계획과 브랜딩이 필요하다" 고 강조합니다 공간의 콘셉트와 브랜딩부터 인테리어, 지속 유지를 위한 운영 전략까지 수많은 경험과 사례를 통한 꿀팁과 내 가게를 위한 실전 경영을 통해 가게 경영을 빡세게 경험해봅니다	커리큘럼	1주~2주 (날짜)	1주차 5/12 일 13:00~15:30 나만의 가게 오픈하기 – 기획의 노하우(퇴사학교) – 창업 준비 단계별 플랜 계획! – why : 왜 나는 가게가 하고 싶은가 – how : 콘셉트, 타깃, 메뉴, 장소, 예산에 대한 답을 찾자 – what : 무엇이 손님을 이곳으로 이끌게 하는 걸까 – 공간의 브랜드 스토리를 구축하는 과정 2주차 5/19 일 13:00~15:30 나만의 가게 오픈 하기 – 실행과 경영의 노하우 (현장) 1_8주 액션 플랜! – scheduling : 오픈 2달 전부터 '8주 실행 로드맵' 짜기 – 인테리어 실행 방식 정하기 – 철거, 목공, 도장 등 인테리어 시작! – 조도, 가구, 소파 등 가게살림 채우기 – 원포인트 스타일링의 중요성 2_가게도 결국 1인 기업, 오픈 후 해야 할 모든 것 – 세금 신고 및 홍보 전략 세우기 – 가게 살림 챙기기 – 6년차 술집사장의 솔직 후기
일정	2019년 5월 개설 1주차 5/12 일 13:00~15:30 나만의 가게 오픈하기 – 기획의 노하우 (퇴사학교) 2주차 5/19 일 13:00~15:30 나만의 가게 오픈 하기 – 실행과 경영의 노하우 (현장) 3주차 5/26 일 13:00~15:30 나만의 가게 구체화 해보기 (퇴사학교) 4주차 6/2 일 13:00~15:30 나만의 가게 실전 경영해보기 (현장)		기대효과	공간 콘셉트, 인테리어, 운영 및 홍보 전략까지 브랜딩으로 먹고 살던 전 광고기획자, 현 가게 창업자와 나만의 가게를 만들어 보며, 가게를 운영하는 것에 대해 막연했던 생각을 정확하게 구체화 시켜봅니다		3주	3주차 5/26 일 13:00~15:30 나만의 가게 구체화 해보기 (퇴사학교) – 팝업 가게 네이밍 & 콘셉트 – 운영 시간 및 메뉴 – 경영 방식 및 판매 가격 – 인력 활용 및 수익구조 분석 – 홍보 방안 및 콘텐츠 구성 등 〉팝업 가게 경영을 위한 방향성 정하기
수업 후 얻는 점	1_언젠가 한번쯤 꿈꿨던 나만의 가게를 경영해본다 2_실제 가게를 운영하는 프로세스를 배운다 3_매출/매입부터 요즘 트렌드까지 공간에 대해 알아간다 4_비슷한 관심사의 팀원들과 네트워킹 한다		대상	언젠가 한번쯤 나만의 공간을 운영해 보고 싶은 사람 퇴사 후, 투잡으로 가게는 해보고 싶은데 막막한 사람 짧은 기간이지만 가게를 경영해보고 싶은 사람 그저 술과 사람이 좋아 어울리고 싶은 사람 모두가 이 수업을 즐겁게 들을 수 있습니다		4주	4주차 6/2 일 13:00~15:30 나만의 가게 실전 경영해보기 (현장) . 팝업 형식으로 운영 예정 – 팝업 가게 실전 운영 – 운영 리뷰 – 일정은 팀원들과 협의"

1. 주제 잡기

나는 사람들에게 어떤 주제로 강연을 할 수 있을까? 오직 '나만이 전할 수 있는 이야기'로 주제를 정해보자. 본업과 관련이 됐든 취미로 시작한 사이드 프로젝트든 분야는 상관없다.

2. 타깃 설정

내 강연을 들어줄 대상자는 누구일까? 직장인이라면 어느 정도의 연차가 들으면 관심을 가질 내용일까? 이들과 어떤 공감대를 형성할 수 있을까? 내 강연의 타깃에 대해 고민해본다.

3. 필요성needs 고민

대상자가 왜 이 강연을 들어야 할까? 그들은 이 주제에 대해 평상시 어떤 필요성을 가지고 있을까? 관련 주제의 요즘 트렌드는 무엇인지도 사전 조사를 해두자.

4. 기대 효과 예측

이 수업을 들은 대상자는 어떤 효용을 얻을 수 있을까? 또한 강연자로서 나는 이 강연을 통해 어떤 이익 혹은 교훈을 얻을 수 있을까? 양쪽 모두의 입장에서 기대 효과를 파악해본다.

5. 회차 및 비용 설계

강연은 1회성으로 하는 게 좋을까? 아니면 연속성이 필요할까? 만약 강연 경험이 없다면 1회로 시작해 차차 회차를 늘려가는 것이 좋다. 강연 개설부터 홍보에 이르기까지 전 과정을 혼자서 소화하는 것 또한 한계가 있으므로 내가 가진 콘텐츠의 주제에 걸맞은 플랫폼과 시작해보는 것도 방법이다.

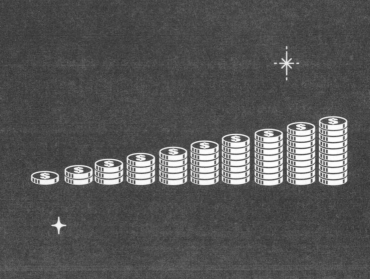

PART 3

부의 퀀텀 점프를 이루다
_자본소득 1

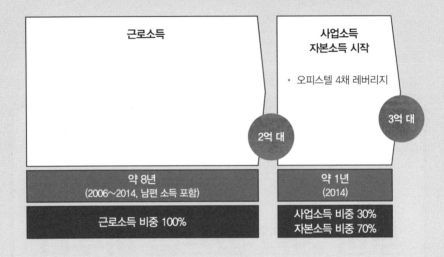

자산의 규모 : 누적 자산 기준

근로소득	사업소득 자본소득 시작
	• 오피스텔 4채 레버리지
	3억 대
2억 대	
약 8년 (2006~2014, 남편 소득 포함)	약 1년 (2014)
근로소득 비중 100%	사업소득 비중 30% 자본소득 비중 70%

지금까지 근로소득과 사업소득을 벌어들인 과정을 이야기했다면, 지금부터는 자본소득으로 소득의 파이프라인을 확장한 이야기를 해볼까 한다. 앞서도 언급했듯이 공간 운영 매출이 일정하지 않아 예측할 수 없는 상황들이 생기자, 나는 자본소득으로 수익을 올리는 쪽으로도 생각의 방향을 틀게 되었다. 자본소득은 말 그대로 '내가 소유한 재산을 이용해 얻는 이익'으로 이자수익, 임대수익, 투자수익 등이 여기에 속한다.

근로소득이나 사업소득은 형태는 다르지만 나의 노동력과 시간을 투여해 버는 돈이라는 점에서는 소득의 성격이 유사하다. 그러나 자본소득은 이 두 소득과 성격이 전혀 다르다. 재테크 전문가들이 소위 '돈이 돈을 버는 시스템'을

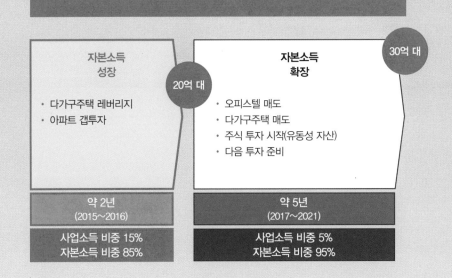

자본소득 성장	20억 대	자본소득 확장	30억 대
• 다가구주택 레버리지 • 아파트 갭투자		• 오피스텔 매도 • 다가구주택 매도 • 주식 투자 시작(유동성 자산) • 다음 투자 준비	
약 2년 (2015~2016)		약 5년 (2017~2021)	
사업소득 비중 15% 자본소득 비중 85%		사업소득 비중 5% 자본소득 비중 95%	

만들어야 한다고 하는데, 이것이 곧 자본소득의 특징이다.

이번 장에서는 자본소득 중에서도 부동산을 통해 소득을 확장했던 나의 경험을 나누고자 한다. 오피스텔, 다가구주택, '국평('국민 평수'의 줄임말. 전용면적 84㎡ 아파트를 가리킴)' 아파트 매수 등을 통해 이 기간에 나의 자산은 3억 원대에서 20억 원대로 늘어났는데, 내 기준에서는 '부의 퀀텀 점프(대약진)'를 이룬 시기라고도 할 수 있다.

첫 번째 집:
종잣돈으로 투자의 방향을 설정하다

운영하던 공간의 매출 부진으로 사업소득의 한계를 느낀 나는 작가, 강연자, 컨설턴트 등 커리어 확장을 통해 돌파구를 찾았다. 하지만 이런 방식 역시 외부 환경에 의존해야 하는 한계가 존재했다. 어떻게 하면 내가 원하는 일을 원하는 시간에 할 수 있을지에 대해 근본적인 고민이 필요했다. 단순히 나의 노동력과 시간을 투여할 것이 아니라 어떤 식으로든 자산과 자본을 활용할 방법을 찾아야겠다는 생각이 다시금 들었다.

이를 위해 가장 먼저 남편과 마주앉아 머리를 맞대고 투자의 원칙을 설정했다. 인생에서 단계별 시드 머니를 확장할 때, 어떻게 돈을 투자할지 결정하는 것은 매우 중요하다. 이때 가장 필요한 것은 '나만의 투자 원칙과 방향'이다. 만일 경제 공동체로 묶인 가족이 있다면 해당 가족 구성원과도 투자의 원칙과 방향에 대한 협의가 필요하다. 기준 없이 남들이 어떻게 하는지만 살핀다면, 올바른 자산 증식에 방해만 될 뿐이다.

주변에서 가족 구성원 사이의 투자 성향이 맞지 않아 다투는 경우를 보곤 한다. 투자 방향을 처음부터 합의하지 않아서다. 경제 공동체인 가족 구성원이 있을 경우, 본격적인 투자에 앞서 나와 가족 구성원의 소비 성향과 투자 가치관을 공유하고, 투자 기준과 방향을 함께 논의하자. 그래야만 자산을 어떻게 배분할지, 최대로 투자할 수 있는 금액의 범위는 어디까지인지 등 앞으로의 투자 계획을 무리 없이 세울 수 있다.

──• 부부의 첫 시드 머니

우리 부부의 돈 이야기를 시작하려면 두 사람이 결혼 준비를 하던 시절로 거슬러 올라가야 한다. 우리는 내가 '아름다운시절'을 오픈하기(2014년 3월) 넉 달 전인 2013년 11월에 결혼했다. 당시 나와 남편은 다른 소비에는 관심이 없었지만, 외식과 여행 등 경험을 위한 소비에는 돈을 아끼지 않는 편이었다. 해외여행도 자주 갔고, 놀러가서는 아낌없이 먹고 마시는 데 돈을 썼다. 결혼 준비를 할 때도 마찬가지였다. 혼수, 예물, 예단 같은 부분에는 일절 돈을 쓰지 않았지만, 결혼식과 애프터파티, 신혼여행에는 과감하게 지갑을 열었다.

하지만 그런 우리에게도 선택하기 어려운 부분이 있었으니 바로 두 사람이 살 집을 고르는 문제였다. 그때의 나는 무조건(!) 신축 아파트에서 살아야 한다는 고정관념에 쌓여 있었다(남편은 주거지에 관해서는 특별한 선호가 없었다). 게다가 남편은 당시 경남 창원에서 지역 순환근무를 했기에 우리는 한동안 주말부부였다. 주중 5일은 혼자서 생활하는 데다가 광고회사를 다니던 시절이라 집은 잠만 자는 곳이었는데, 지금 생각해보면 내가 왜 그때 아파트만 고집하며 말도 안 되는 허세를 부렸나 싶다.

그렇게 세상 물정 모르던 나의 허세와 강한 주장으로 우리 부부는 상도동의 대단지 신축 아파트를 보증금 1억 5천만 원, 월세 80만원 조건으로 계약하고 입주했다. 방 3개, 화장실 2개짜리 아파트를 덜컥 계약한 것이다.

하지만 그 집은 우리에게 쓸데없이 과한 곳이었다. 주중에는 대체로 나 혼자 잠만 잤고, 주말에만 볼 수 있었던 남편과는 나가 놀기 바빴다. 슬슬 왜 이렇게 큰 집을 고집했을까 하는 후회가 밀려왔다.

때마침 퇴사 후 내 가게(상암동 '원부술집')를 오픈하기로 되어 있었기에, 그 참에 신축 아파트 신혼집은 정리하는 게 맞겠다는 판단이 들었다. 계약 후 1년이 지난 시점이었다.

퇴사를 하고, 아파트 보증금을 빼고, 사업을 준비하며 나와 남편이 융통할 수 있는 자산이 얼마인지 제대로 확인해보기로 했다. 돌려받은 아파트 보증금, 펀드 등 남은 투자금과 퇴직금, '아름다운시절'에 들어간 돈 등을 꼼꼼히 살펴봤다. 새로 이사할 곳을 얻기 위한 비용, 사업에 써야 할 금액 등을 제외한 후 남는 돈을 앞으로 어떻게 쓸지에 대해서도 계획을 세우기로 했다.

─── • **나에게 알맞은 집의 형태를 찾다**

앞서 언급했듯, 상암동에 창업한 첫 가게 '원부술집'은 아침 9시부터 자정까지 쉴 새 없이 일해야 돌아가는 구조였다. 나의 시간과 체력이 곧 돈이었고, 나는 가게로 출퇴근하는 시간을 최대한 아낄 방법을 찾았다. 우리는 가게 건물 3층의 1.5룸(방 1개, 거실 겸 주방 1개, 화장실 1개) 집을 보증금 4천만 원, 월세 60만 원 조건으로 계약했다. 가게와 같은 건물에 있다 보니 불필요한 시간 낭비를 줄일 수 있었다. 가게를 오픈하고도 1년 이상 남편과 나는 주말부부로 지내야 했기에 8평 규모의 1.5룸 집도 충분한 크기였다.

그제야 우리에게 알맞은 집의 형태를 찾았다는 생각이 들었다. 겉보기에 번듯해 보여도 그만큼 사용할 일이 없던 아파트에 대한 욕심을 내려놓으니 다른 곳에 투자할 여유 자금이 생겼다. 만약 목돈이 전세 등 아파트 보증금에 묶여 있었다면 새로운 투자는 시도조차 못했을 것이다. 우리에게 맞는 집을 선택했기에 목돈을 가지고 새로운 투자 계획 수립이 가능했다.

아파트 보증금을 포함해 그간 우리가 모은 돈에서 1.5룸 보증금, 가게 창업비 등을 제외해도 1억 6,500만 원이라는 꽤 큰돈이 남았다. 당시만 하더라도 자본소득에 대한 정보가 부족해 부동산을 산다는 건 막연하게 느껴졌다. 섣불리 투자하기보다는 구체적인 아이디어가 생기면 그때 투자처를 정하기로 했다.

그전에 우선 모은 돈을 바탕으로 나와 남편은 다음과 같이 투자 방향을 설정했다. ① 전세 등 보증금에 목돈이 묶이는 건 지양하자. ② 당장의 내 집 마련보다는 투자를 통한 자산 확장을 우선적으로 시도해보자. 우리 부부는 목돈을 집에 묶어두기보다 자산을 확장하는 데 쓰기로 협의했고, 어느 정도 충분한 목돈이 모였을 때 집을 사기로 결정했다.

평범한 사람이라면 누구나 돈에 대해 늘 불안하고 조급한 마음이 들 수밖에 없다. 우리 역시 방향 설정을 하면서도 잘할 수 있을까 두려움이 앞섰다. 하지만 욕심을 앞세우면 자칫 소중한 종잣돈을 잃을 수도 있는 법. 1억 원대의 전 재산을 가지고 무리수 투자를 하기보다는 실현 가능한 목표를 향해 차근차근 움직이기로 했다.

모은 돈		지출한 돈	
내가 모은 돈	1억 9천만 원	1.5룸 보증금	4천만 원
남편이 모은 돈	7천만 원	'원부술집' 창업비	4천만 원 (보증금 2천만 원 포함)
		'아름다운시절' 창업비	1,500만 원
총 2억 6천만 원		총 9,500만 원	

▲ 우리 부부가 모은 돈 2억 6천만 원과 지출한 돈 9,500만 원의 사용 내역. 1억 6,500만 원의 예산이 남았다.

우리 부부가 전세를 선호하지 않는 이유

우리 부부는 전세를 선호하지 않는다. 아마 많은 분들이 이 말을 들으면 의아해할 것이다. '당연히 월세보다는 전세가 좋은 것 아닌가요?', '월세는 매달 새는 돈이 많잖아요. 목돈을 모으는 데 방해가 될 것 같아요!' 등의 반응이 예상된다.

전세는 전 세계에서 대한민국에만 있는 제도다. 임대인이 소유한 주택에 목돈을 내면 2년간 별도의 추가 비용 없이 임차인으로 지낼 수 있는 제도다. 물론 월세와 비교한다면 전세는 저금리로 일정 기간 동안 안정적인 주거지를 확보하는 데 더없이 좋은 조건이다. 하지만 투자자의 입장이라면 다른 관점으로도 생각해봐야 한다.

만약 동일한 집이 전세인 경우 보증금이 5억 원, 월세인 경우 보증금 1억 원에 월세가 160만 원이라고 한다면(보통 보증금 2,500만 원당 10만 원으로 비용을 환산한다), 조건만 보면 전세로 계약하는 게 싼 것처럼 보인다. 2%의 이자를 적용한다 치면 전세의 경우 연간 1천만 원의 비용이 들고, 월세의 경우 약 1,900만 원이 들기 때문이다. 약 두 배 정도의 금액 차이가 난다.

하지만 내가 이 돈을 투자했을 때 기대 수익이 '5% 이상'이라면? 4억 원을 다른 곳에 투자할 때 이익이 더 커진다. 월세를 지불하더라도 나에게 비용 이득이 남는다. 4억 원으로 갭투자나 레버리지를 활용해 부동산 투자를 한다면 10억 원이 넘는 자본도 매수가 가능하다. 이렇게 투자한 자산이 연간 5%씩만 상승해도 2년 후에는 연 1억 원 이상의 수익을 얻을 수 있다.

전세로 큰돈을 묶어두는 방식은 오히려 임대인에게 유리하다. 더 좋은 투자처가 많은데 굳이 전세에 살면서 목돈을 깔고 앉아 있을 필요는 없다. 자신만의 투자 방향과 실현 가능한 기대 수익이 있다면 돈이 스스로 일하는 쪽으로 활용해야 한다.

< Stage 5-2 >

1억 원대 자본으로
오피스텔을 매수, 월세를 받다

직장인을 포함해 성인 대다수의 꿈은 임대인이 되어 월세를 받는 삶이 아닐까? 나 역시 직장인 시절, 월세를 받으며 사는 삶을 부러워한 적이 있다. 하지만 내가 그랬듯 그 꿈이 현실이 될 수 있다는 믿음을 가지고 행동에 옮기는 사람은 드물 것이다. 임장(부동산 매입을 위해 해당 지역을 탐방하는 것) 등 경험을 쌓는 노력조차 안 하는 사람들이 부지기수다. 월세 받는 삶을 바라면서도 막상 내가 살 만한 부동산은 없을 것이라는 이른 체념 때문이다.

부동산에 대해 잘 모를 때는 나 또한 그런 고정관념을 갖고 살았다. '월세 받는 임대인의 삶은 엄청난 자산을 모아야만 가능할 거야.

저건 내 이야기가 아니겠지.' 하지만 발품을 팔며 둘러본 결과, 내가 가진 예산 규모에 맞는, 적은 금액으로도 월세를 받을 수 있는 부동산 매물은 노력만 하면 누구든 찾을 수 있음을 알게 되었다.

실투자금이 1억 원대였던 나 역시 수많은 매물을 찾아 헤맨 끝에 예산에 맞는 부동산을 매수할 수 있었다. 신촌의 소형 오피스텔 4채를 구입해 100만 원대 월세를 받는 임대인이 된 것이다. 지금부터 그 과정을 소개해볼까 한다.

───● **부동산 투자 시 고려했던 사항**

나와 남편이 투자처를 정한 기준은 다음과 같다. 다양한 투자처 중 담보대출에도 유리한 부동산, 그중에서도 ① 상가와 오피스텔, 사무실을 우선적으로 고려하자는 것. 우리가 투자처 기준을 세울 2014년 당시만 해도 위 투자처들은 담보대출을 할 때도 유용하지만, 대출 한도가 높다는 것이 장점이었다. 일정 수준의 자기자본이 갖춰져 있으면 레버리지를 활용한 투자가 가능한 것이다.

투자 방향의 설정도 중요했다. 투자를 하더라도 시세 차익을 노릴 것인지 월세 수익을 얻을 것인지 목표를 정해야 했다. 만약 월세 수익을 위해 구입하는 것이라면 안정적으로 임대료가 나오는지, 수익률은 어떻게 되는지, 다음 임차인이 들어오기에도 좋은 환경인지 따져봐야 했다. 우리는 ② 시세 차익과 월세 수익, 두 마리 토끼를 잡을 수 있는 매물을 찾아보기로 했다.

상가나 사무실의 경우 관리나 임대가 쉽지 않기에(최근 들어 팬데믹으로 오프라인 공간 활용이 줄어든 경우 등) 손이 더 많이 간다는 어려움이 있다. 아무리 위치나 상태가 좋은 매물이어도 임차인이 없다면 가치를 인정받는 게 쉽지 않아서다. 시세 차익까지 염두에 둔다면 입지, 연식, 배후 수요 등 다각도의 검토가 필요한 분야일 수밖에 없다. 그래서 변수가 큰 상가나 사무실보다는 ③ 오피스텔 매수 쪽으로 투자 방향을 설정하기로 했다.

───• **신촌의 소형 오피스텔 4채 매수기**

결국 월세를 받을 수 있는, 입지 좋은 오피스텔 투자가 최적이라는 결론을 내렸다. 당시 예산으로 상가 등 다른 종류의 부동산을 매수하기엔 무리라고 생각한 부분도 컸다. 물론 저렴한 상가나 사무실도 얼마든지 있겠지만, 안정적인 월세를 받으면서 동시에 가격 하락 걱정도 없어야 했는데, 그 정도로 좋은 매물을 찾을 자신이 없었다. 나와 남편이 세운, 오피스텔 매수 기준은 다음과 같다.

오피스텔 매수 요건: 2014년 하반기 기준

목표: 시세 차익과 월세 수익, 두 마리 토끼를 잡아보자!

① 위치: 지하철과 버스 이동이 편한 '역세권'

② 선호 지역: 신촌, 연세대학교 인근(지리적으로 익숙한 곳)

③ 타깃: 연세대학교와 세브란스병원 학생 및 교직원

　　신촌에서 광화문, 여의도 등으로 출퇴근하는 1인 가구 직장인

④ 수익률: 월세 수익 7% 이상인 곳

⑤ 예산: 약 1억 9천만 원

시세 하락 방어 및 공실 염려가 없으려면 위치와 수요가 가장 중요했다. 가급적 상암동에서도 멀지 않은, 지리적으로도 익숙한 신촌 지역 매물이면 좋겠다는 생각이 들었다. 그러던 차 '아름다운시절' 동업자 후배가 유용한 정보를 알려줬다. 신촌 주변에 오피스텔 거래를 많이 하는 공인중개사 사무소가 있는데 사장님도 괜찮은 분인 것 같으니 한번 만나보라고 했다.

어차피 부동산은 현장 임장도 하고 중개사의 이야기도 들어야 하니 이참에 직접 찾아가보기로 했다. 그렇게 공인중개사 사무소를 찾아갔더니 매수가 가능한 괜찮은 매물이 있다며 바로 소개를 해줬다. 신촌 소형 오피스텔에 4채 묶음 매물이 나왔는데 가격과 수익률이

꽤 괜찮다고 말이다.

소개를 받은 오피스텔은 연세대학교 및 세브란스병원 정문과 가까운 매물로 중앙 버스정류장과도 맞닿은 곳이었다. 대학교 및 종합병원과 인접한 오피스텔은 입지 조건상 공실 염려가 없었다. 대학가 근처에서 자취를 해본 분들이라면 공감하겠지만, 주거지 선택 시 고려하는 조건 1순위가 '거리'인 사람들이 생각보다 많다. 시설이 다소 부족해도 등하교와 출퇴근 등에 소요되는 시간을 줄여주는 지하철역이나 버스정류장 등에 인접한 집들이 비싼 이유다.

그러나 장점이 있다면 단점도 있는 법. 이 오피스텔의 가장 큰 단점은 연식과 규모였다. 2000년대 초반에 준공된 이곳은 옛날 스타일의 인테리어가 그대로 남아 있었다. 체리색 몰딩과 걸레받이가 인상적이었고, 올렸다 내렸다 할 수 있는 침대는 시간이 지나 제 기능을 하지 못했다. 지나치게 많은 수납공간도 오히려 답답해 보였다.

규모 또한 아쉬운 부분이었다. 4평 남짓한 방 크기는 아무리 콤팩트한 오피스텔이라 하더라도 좁은 느낌이었다. 오피스텔이라 시스템이 비교적 잘 갖춰져 있고 고시원보다 쾌적한 환경이었지만, 절대적인 규모에서 아쉬움이 컸다. 내가 여기서 산다면 기꺼이 돈을 지불할 수 있을 것인가에 대해 선뜻 답이 떨어지지 않았다.

────● **수익률과 가격 메리트로 계약을 결심하다**

여러 단점에도 불구하고 나는 이 오피스텔을 계약하기로 결심했다. 가장 큰 이유는 수익률과 가격 때문이었다. 4평 남짓한 이 오피스텔은 호실당 월세 수익이 45~50만 원 가까이 되었다. 4채를 임대한다면 180만 원에서 많게는 200만 원까지 월세 수익을 노려볼 수 있었다. 부수입으로는 꽤나 괜찮은 금액이었다. 높은 월세 금액도 매력적이었지만 수익률도 높았다.

이 오피스텔의 가격은 3채는 호실당 6,500만 원, 1채는 6,600만 원이었다. 4채 기준 매매가는 2억 6,100만 원이었다. 만약 이 4채로부터 월 200만 원씩 월세를 받는다면 연 2,400만 원, 수익률은 무려 9%에 가까웠다. 2014년 당시에도 저 정도의 수익률은 정말 매력적인 수치였다. 안 살 이유를 찾기가 어려워 보였다.

하지만 우리 부부가 손에 쥔 돈은 1억 원 후반대였다. 모든 오피스텔을 월세 조건으로 구입할 수는 없었다. 그래서 3채는 월세로, 1채는 전세로 구입하기로 했다. 전세 보증금 및 월세 보증금 포함, 실투자금 1억 8,100만 원으로(취·등록세 포함 1억 9천여 만 원) 신촌 소형 오피스텔 4채를 매수하게 되었다. 남은 목돈 1억 6,500만 원에 추가로 모은 사업소득 등 보유 현금 전부를 투자했다.

이후 가게를 운영하며 얻는 사업소득에 오피스텔에서 나오는 월세를 더하니 삶에 여유가 상당히 커졌다. 필요시 부동산 담보대출도 받을 수 있다고 생각하니 심리적 안정감도 더해졌다. 하루 종일 일해 소득을 얻는 개인 사업과 달리 가만히 있어도 월마다 정해진 돈이 들어온다는 게 신기하기도 했다. 부동산 자산의 매력을 제대로 경험한 순간이었다.

일한 만큼 벌 수 있는 사업소득 대비 자본소득은, 시스템만 잘 갖춘다면 노동하지 않고도 돈을 벌 수 있는 구조였다. 그렇게 부동산의 매력에 빠진 후, 나는 더 좋은 물건을 찾아보고 싶다는 열망이 강해졌다. 건물주가 되면 어떨까도 상상해보기 시작했다. 그렇게 오피스텔 매수 후에도 부동산 임장은 멈추지 않고 계속 이어졌다.

항목	구분	실투자금	월세
오피스텔 구입 포트폴리오	오피스텔 1 월세 (6,500만 원)	6,000만 원 (보증금 500만 원)	45만 원
	오피스텔 2 월세 (6,500만 원)	6,000만 원 (보증금 500만 원)	45만 원
	오피스텔 3 월세 (6,600만 원)	6,100만 원 (보증금 500만 원)	45만 원
	오피스텔 4 전세 (6,500만 원)	0원 (보증금 6,500만 원)	0원
	총 매매가 2억 6,100만 원	실투자금 1억 8,100만 원	총 135만 원 (수익률 약 9%)

▲ 오피스텔 구매 금액과 월세 내역. 오피스텔을 매수하며 자산소득의 중요성을 깨달았다.

실투자금 1억 8,100만 원으로 소형 오피스텔을 매수한 시기는 2014년도 하반기였다(당시 직장인들 사이에서 오피스텔 투자가 나름 인기였다). 이후 부동산 가격은 무섭게 상승했고, 오피스텔을 업무용과 주거용으로 나누며 각각 부과하는 세금에 차이가 생겨 세금 리스크가 커지기도 했다.

그런 이유로 요즘은 오피스텔 투자가 자칫 계륵일 수도 있다. 용도별 과세 방식이 달라짐에 따라 거주용 오피스텔은 주택 수에 포함되기 때문이다. 따라서 취득세 및 보유세, 양도세 등 '세금 폭탄'을 맞지 않으려면 업무용 오피스텔이 아닌 이상 오피스텔 투자는 당분간 피해야 한다. 나 역시 오피스텔을 거주용으로 임대해 보유 주택 수에 포함되었고, 3주택 이상 소유자가 되어 세금 문제로 2021년 매도를 결심할 수밖에 없었다.

예전보다 부동산 가격이 오르고, 시장이 과열되자 이를 잡기 위해 정부에서 각종 규제 조치들을 발표하면서 투자 시 고려할 사항들이 많아졌다. 투자 조건이 더욱 까다로워진 것이다. 그럼에도 불구하고 예산에 맞춰 투자할 기회는 누구에게나 열려 있다고 생각한다. 내가 오피스텔을 살 때도 그런 매물을 살 수 있다고 생각했던 사람은 주변에 아무도 없었다. 나 역시 임장을 다니며 매물을 보고 그중 예산에 맞는 물건을 선택했을 뿐이다.

최근(2021년) 상가 하나를 사려고 하던 찰나, 계약을 놓친 경험이 있다. 대형 편의점이 임차 중이던 마포구 내 아파트 상가였는데, 매수가가 3억 원대였고 대출을 끼면 1억 원대로도 구입이 가능했다. 월세는 부가세 포함 150만 원 정도였다. '부동산은 무조건 비싸. 나는 어림도 없지'라고 생각하지 말아야 함을 보여주는 경험적 사례다. 꾸준히 찾다 보면 시기가 언제든 좋은 매물을 만날 수 있다. 단, 조건이 있다. 쉬지 않고 탐색하며 임장을 다니는 등 발품을 팔아야 한다.

꼭 매수 목적이 아니더라도 다양한 형태의 매물을 직접 살펴보며 경험을 쌓는 건 중요한 과정이다. 무엇보다 부동산 보는 안목을 키우는 데 많은 도움이 된다. 그러니 일단 관심 있는 지역을 설정한 후 해당 지역을 내 발로 걸어 다니며 살펴보면 어떨까? 그러다 보면 행운 같은 기회가 당신에게 찾아올지도 모른다.

Tip

오피스텔, 업무용인지 주거용인지 용도를 파악하자

대출 요건을 충족하지 못해 주택을 구입하지 못한 무주택자와 세금 부담으로 일반 주택 매수가 부담스러운 다주택자들 사이에서 아파텔 투자가 유행하고 있다. 아파텔은 거주용으로도 충분한 2룸 이상 아파트 구조의 오피스텔을 의미한다. 아파텔 수요가 높아지다 보니 건설사에서도 아파트 구조의 오피스텔 청약 비중을 늘리는 추세다.

예전에는 오피스텔이라면 모두 업무용으로 보았지만, 이제는 실사용 목적을 기준으로 용도를 나눈다. 업무 용도로 매수해야 보유 주택 수에 포함되지 않으며, 주거용인 경우 보유 주택 수에 포함되므로 이 부분을 매수 전 반드시 확인해야 한다. 아파텔 구조라도 투자자의 계획에 맞는 용도 설정이 필요한 이유다.

업무용으로 오피스텔을 청약하거나 매수했더라도 주거용으로 임차인을 받을 경우, 임차인이 전입신고를 하면 주거용으로 간주한다. 매수 후 주거용이 될 경우 양도세 중과(2주택일 경우 20% 중과, 3주택 이상일 경우 30% 중과. 장기보유특별공제 없음) 등이 적용되어 세금 부담이 커진다. 나 역시 다주택자 양도세 중과 문제로 신촌 오피스텔 전부를 2021년 7월 매도했다.

< Stage 5-3 >

2억 원대 자본으로
다가구주택을 매수하다

부의 성장을 한 단계 더 도모하려면 레버리지leverage 이야기를 빼놓을 수 없다. 레버리지는 지렛대를 의미한다. 누가 말했던가. 지렛대와 지침돌만 있다면 지구도 들 수 있다고. 이를 자본주의적으로 말하면 지렛대 역할인 '레버리지'와 지침돌이 될 '자본'만 있다면 기대 이상의 매물을 살 수 있다는 뜻이리라.

처음으로 건물을 살 때 나는 레버리지 개념을 제대로 활용할 수 있었다. 건물처럼 단가가 높은 매물을 매수하려면 자기자본만으로는 불가능하기 때문이다. 나 역시 레버리지 덕에 차입자본(부채 등)을 끌어모아 자산을 매입할 수 있었다.

개인적으로 부동산 투자의 가장 큰 장점은 바로 이 레버리지가 아닐까 싶다. 실제로 나의 경우, 임차인 보증금 및 대출 등을 최대한 활용해서 실투자금이 제로에 가까운 비용으로 9억 7천만 원짜리 다가구주택을 매입했다. 조건이 맞는 매물만 찾는다면 건물주가 되기란 생각보다 쉽다는 사실을 그때 알았다.

──• 나도 건물주가 될 수 있을까?

사실 작정하고 건물주가 될 생각은 아니었다. 처음에는 막연하게 꿈을 크게 가지고 꾸준히 임장을 다니며 공부를 하다 보면 언젠가는 기회가 생기겠지 하는 마음이었다. 오피스텔 4채 구입 후, 자본소득에 대한 긍정적인 경험을 하자 부동산 매수 의지에 탄력이 붙었다. 내 시간을 들이지 않아도 돈이 나를 위해 일하는 구조가 얼마나 대단한지 깨달은 것이다. 조금 더 세팅하면 사업소득 이상의 결과를 얻을 수 있을 것 같았다.

그래서 틈만 나면 단골 공인중개사 사무소를 들러 주로 10억 원 전후의 물건을 보러 다녔다. 꼭 10억 원이 있어서라기보다 공부를 위한 상징적인 금액을 정한 것이다. 괜찮은 매물이 있다면 임장을 가보고 등기부등본 등 서류를 떼 스펙을 확인하기도 했다. 오피스텔 매수에 전 재산을 투자해 당장은 부동산 투자에 쓸 예산이 없었지만 '언젠가는'이란 마음이었다. 미리 공부를 해둬야 나중에라도 좋은 물건을 구입할 때 도움이 되지 않겠는가.

하지만 이상과 현실은 엄연히 달랐다. 서대문구와 마포구를 중심으로 건물을 보러 다녔는데, 10억 원으로는 마음에 드는 매물을 찾기가 쉽지 않았다. 당시 그 정도 금액이면 대지가 30평대, 대지의 평당 단가가 3천만 원 정도였다. 이것도 골목에 위치한 건물 기준이었으며, 대로변으로 갈수록 평당 단가는 두세 배씩 올라갔다. 대체로 벽돌로 이뤄진 오래된 조적식 건물이라 손볼 곳도 상당했다.

연식이 오래된 건물일수록 땅값을 기준으로 매매가가 정해지기에(오히려 건물 가치는 없다는 뜻) 대출을 받기도 애매했다. 활용도 역시 떨어질 수밖에 없었다. 제대로 쓰려면 공사를 크게 해야 했고, 그러려면 공사 예산도 별도로 잡아야 했다. 곳곳의 평당 단가와 건물 상태에 대한 정보는 늘어갔지만, 정작 내가 사고 싶고 살 수 있는 건물은 어디에도 없었다. 자본도 없고 매수 가능한 건물이 없었는데도 당시 나는 왠지 어딘가에 내가 살 수 있는 매물이 꼭 있을 것만 같았다. 확신도 근거도 없었지만, 그냥 감이 그랬다.

'원부술집' 경영에 익숙해지면서 많은 시간을 가게에 투입하지 않아도 되자 더욱 열심히 부동산을 보러 다녔다. 남편도 시간이 날 때면 함께 임장했다. 우리가 본 물건이 그만 한 가치가 있는지, 향후 발전 가능성은 어느 정도인지, 어떻게 활용하면 건물 가치가 올라갈지 등 다양한 매물에 대해 깊이 있게 이야기를 나누었다. 신기했던 것은 예산이 없는데도 이런 이야기를 매우 진지하게 했던 것이다. 술 좋아하는 우리 부부의 안주거리 중 하나는 늘 부동산이었다.

──● 다가구주택 건물주가 되다

열심히 임장한 보람이었을까? 뜻밖에도 2015년 말, 정말 건물 하나를 매수하게 되었다. 잔금 치른 날 기준, 2016년 2월의 일이었다. 신촌 오피스텔 계약을 진행해준 공인중개사 사무소 사장님이 소개해준 매물이었다.

신촌 오피스텔 계약 이후에도 중개를 도와준 사장님과는 지속적으로 연락을 유지해왔다. 사장님께서는 오피스텔 신규 임대를 해야 할 때마다 임차인을 구해줬고, 새로운 가게 자리를 소개해주기도 했다. 여러 차례 계약을 진행해주다 보니 나의 부동산 투자 성향이나 예산에 대해서도 잘 알고 있었기에 그에 맞는 건물을 소개해주실 수 있었다.

매수한 건물은 1994년 준공된 오래된 벽돌 건물이었다. 평지에 위치했고 건물이 네모 모양으로 반듯한 게 마음에 들었다. 층수도

▲ 오랜 임장 끝에 찾은 신촌의 다가구주택. 여러 조건들이 맞아 흔쾌히 매수했지만, 이후 이 건물을 수리하고 증축하는 과정에서 엄청난 시련을 맞이하게 된다.

지하 1층, 지상 3층으로 괜찮은 구조였다. 매도인이 살던 곳이라 관리도 깔끔했다. 그동안 봐왔던 건물들은 단층 혹은 2층이었고 네모반듯한 모양의 건물은 더더욱 없었다.

당시 매도인이 원하는 매도가는 10억 2천만 원. 대지가 34평이었고 평당 3천만 원을 받고 싶어 했다. 몇 달간 주변 시세를 살펴본 바에 따르면 평당 3천만 원이 합리적인 가격임은 맞지만, 예산이 없던 나는 무조건 매도가를 조금이라도 깎아야만 했다. 부동산에 물어보니 9억 7천만 원까지는 사장님께서 어떻게 해볼 수 있겠다고 귀띔해주셨다. 평당 2,800만 원 정도라면 괜찮은 가격이라 생각했다.

그렇다면 나는 도대체 무슨 돈으로 9억 7천만 원짜리 건물을 살 수 있었을까? 이를 위해서는 이 집의 구조를 조금 살펴볼 필요가 있다. 총 4개 층(지하 1층, 지상 3층, 옥탑 1층 별도)으로 이루어진 이 건물에는 한 층에 한 세대가 거주하고 있었다. 옥탑을 포함하면 총 다섯 세대가 사는 다가구주택이었다.

	세대 구성	임대 현황	비고
다가구주택 건물 구조	지하 1층 (약 12평) 2인 가족	전세 7천만 원	전세 보증금 총 3억 5천만 원 기존 담보대출 총 2억 인계 ▶ 총 5억 5천만 원
	1층 (약 20평) 3인 가족	전세 1억 3천만 원	
	2층 (약 20평) 4인 가족	전세 1억 5천만 원	
	3층 (약 20평) 3인 가족	주인 딸 가족 거주	실투자금 4억 2천만 원 (3층/옥탑 전세줄 경우, 실투자금 2억 2천만 원)
	옥탑 (약 10평) 2인 가족	주인 부부 거주	

▲ 당시 매수한 다가구주택의 세대 구성 및 임대 현황. 대출 및 전세 보증금 등 소위 '깔려 있는' 금액이 꽤 높아 실투자금이 적게 들었다.

앞의 표에서 볼 수 있듯이 기본적으로 대출과 전세 보증금으로만 이루어진 곳이다 보니 실투자금이 다른 매물에 비해 현저히 적었다. 만약 주인 딸 가족과 주인 부부가 거주하는 곳까지 전세로 준다면 실투자금은 더 적어질 수 있었다. 당시 임대 현황 기준으로는 실투자금이 4억 2천만 원이었지만, 3층과 옥탑을 합쳐 2억 원 정도에 전세를 준다고 가정하면 실투자금 2억 2천만 원으로도 매수가 가능했다.

공인중개사 사무소에서는 보통 이런 매물을 매수인이 싫어한다고 했다. 대체로 전세가 적고 월세가 많이 나오는 건물을 선호하며 4% 이상의 수익률이 나야 관심을 보인다는 것이다. 안정적인 월세를 목적으로 건물을 구입하고자 하는 사람에게 이 매물은 매력이 없는 물건이었다. 나처럼 투자금이 적은 사람에게는 기회였지만 말이다.

마음에 드는 건물도 찾았고, 실투자금 규모도 확인했으니 이제 2억 2천만 원(취·등록세 및 각종 수수료까지 포함하면 2억 5천여 만 원)을 어떻게 모아야 할지 궁리해야 했다. 회사를 다니는 남편이 신용대출을 최대한 받는다면 1억 원 정도는 가능할 듯 보였다. 나머지 금액은 가지고 있던 오피스텔 중 2채를 월세에서 전세로 돌려, 거기서 생기는 전세 보증금(호실당 7~8천만 원)을 활용하기로 했다.

그렇게 가능한 자금을 끌어모아 다가구주택 매수 조건을 맞췄다. 공인중개사 사무소 사장님이 적극적으로 도와준 덕에 최종적으로 매도가를 9억 7천만 원으로 합의했고, 잔금일에 맞춰 전세 세입자도 받아 계획대로 모든 일을 마무리할 수 있었다.

──• 레버리지의 위대함이여!

　　다가구주택을 매입하는 과정에서 나는 레버리지의 위대함을 경험했다. 은행의 담보대출과 임차인의 전세 보증금이라는 돈이 있었기에 나는 시세 10억 원에 가까운 건물을 실투자금 2억 2천만 원으로 매수할 수 있었다. 2억 2천만 원 역시 신용대출과 오피스텔 전세 보증금으로 충당이 가능했다. 어찌 보면 자기자본 하나 없이 건물을 매입한 것이다.

　　건물 매입을 경험하며 깨달은 것은 액수가 큰 부동산일수록 시세가 올라갈 경우 더 큰 수익으로 돌아온다는 점이었다. 건물은 호실당 6,500만 원인 오피스텔과는 시세 차익의 차원이 달랐다. 둘 다 10%씩 상승한다고 가정했을 때, 오피스텔 수익이 650만 원이라면 다가구주택은 1억 원 가까이 됐다.

　　나중에 알게 된 것이지만, 오피스텔과 다가구주택은 아파트 시세와는 비교 자체가 불가함을 알게 되었다. 그만큼 아파트는 안정적인 시세 확인, 환금성이라는 장점이 있었다. 이는 다가구주택 매입 1년 후 아파트 매수를 하며 깨달은 결과이기도 하다. 부동산 투자 지식이 좀 더 있었다면 그때 나의 선택지는 달라졌을지도 모른다.

　　물론 부동산 가격이 늘 오르는 것은 아니다. 시세가 하락하는 시기도 분명 있다. 하지만 시간이 걸리더라도 자산은 우상향 한다는 믿음이 있었기에 이런 적극적인 투자가 가능했다. 한편으로 건물 가치를 내 나름대로 올려보겠다는 계획도 있었다. 그간 쌓아온 공간 운영 경험을 바탕으로 느낌 있게 건물을 가꿔보면 좋겠다는 생각을 했던 것이다(매수 후 돌이켜보니 이 점이 건물을 구입하고 싶은 가장 큰 이유였다).

'증축을 해서 월세를 받아볼까?', '지하 1층과 1층을 개조해 가게를 해보면 어떨까?', '평상시 해보고 싶던 위스키바를 구현해볼까?', '한 층은 에어비앤비Airbnb로 활용해보면 어떨까?' 등 다가구주택 매입 후 정말 다양한 아이디어가 솟구쳤다.

앞서도 언급했듯 자산 투자에 있어 부동산의 가장 큰 장점은 바로 레버리지다. 한때는 실현 불가능한 꿈이라고 생각했지만, 조건만 충족한다면 10억 원짜리 건물을 10~20%의 자본만으로도 구입할 수 있으니까 말이다. 이처럼 현명하게 레버리지의 장점을 이용하면 자산이 비약적으로 상승하는 퀀텀 점프의 순간을 맞이할 것이다.

Tip

'건물 가치가 없다'는 말의 의미

부동산을 100% 현금을 주고 구입하는 사람은 드물 것이다. 그래서 매매 시 대출 옵션을 꼼꼼하게 살펴봐야 한다. 아파트의 경우 KB부동산(https://kbland.kr) 사이트 등에서 정확한 시세를 파악할 수 있기에 이를 기준으로 대출을 받을 수 있다. 하지만 다가구주택의 경우 건물 형태나 연식이 제각각이기에 시세 파악이 쉽지 않다.

게다가 다가구주택의 경우 '임차인 방공제(정식 명칭은 '최우선변제권')'가 적용된다. 임차인 방공제란 방 개수만큼 대출 금액을 제하는 것인데, 내가 한창 대출을 알아봤던 2020년, 서울의 경우 방당 3,700만 원을 공제했다. 건물에 방이 10개면 3억 7천만 원을 총 대출 한도에서 제하는 것이다. 이로 인해 대출 비중이 현격하게 적어지기도 한다. 그래서 다가구주택을 두고 '건물 가치가 크지 않다. 아니, 오히려 없을 수도 있다'라고 이야기하는 것이다. (2021년 5월 11일부터는 서울 기준 방당 5,000만 원을 공제하는 것으로 법령이 바뀌었다.)

다가구주택은 대지의 평당 단가가 매매 시세가 된다. 물론 공식적인 개별 땅의 가격을 알고 싶다면 공시지가를 확인해볼 수 있지만, 이는 시세가 반영되기 전 금액이다. 시세와 공시지가는 상당한 차이가 있는데, 내가 구입한 다가구주택의 경우 당시 시세와 공시지가 차이가 3배 이상 났다.

< Stage 5-4 >

매수보다 어려운 건물 리모델링 및 관리

건물 매수로 인한 성취와 기쁨은 잠시, 임대인의 생활은 시작부터 고난 그 자체였다. '무리해서 산 건 아닐까?', '건물주가 좋다는 말은 도대체 누가 한 말인가?' 등의 질문을 던지며 건물 매입을 후회한 적도 많았다. 사실 '임대인 고충기'는 쉽게 꺼내기 어려운 주제였다. 자칫 배부른 소리를 한다는 말을 들을 수도 있기 때문이다. 하지만 이 이야기를 솔직히 써보자고 결심한 이유는 내가 겪은 현실을 공유하고 싶어서다.

많은 이들이 건물주의 장밋빛 미래만을 이야기하지만, 사실 현실은 그렇게 호락호락하지 않았다. 나의 경우 매수 직후부터 건물 내

외로 하나둘씩 문제가 터지기 시작했다. 매수할 땐 몰랐던 부분들, 이를테면 불법 증축 등 손봐야 할 곳이 한두 군데가 아니었다. 90년대 초반에 지어진 건물이라 수리할 곳도 많았다.

예산이 맞다는 이유 하나만으로 시작한 무모한 도전이었다. 매수 계약금을 넣기 전, 한 번 더 고민하고 전문가와 상의하며 점검했더라면 이후 발생한 '끔찍한' 돈과 에너지 낭비를 줄일 수 있었을 것이다. 만약 건물 매수를 고려하고 있는 분이라면 내 경험담을 참고한 후, 발생할 여러 변수에 대비하길 바란다.

──• 설계 및 시공 담당자를 섭외하다

건물주가 되었다는 기쁨도 잠시, 나를 기다리고 있던 건 두 사기꾼 업자와의 만남이었다(물론 정보나 지식이 부족했던 나의 책임이 가장 컸다). 주거용 공간을 업무용으로 용도변경 하고, 한 개의 층을 올리는 증축 공사 및 구축을 리모델링 하는 과정은 생각보다 만만치 않은 작업이었다.

처음에 생각했던 계획은 지하 1층과 1층을 업무용(상가) 공간으로 용도변경 하는 것이었다. 지하 1층이 외부 주차장과 연결된 구조로 되어 있기에 두 층을 활용해 상업 공간으로 운영하면 좋겠다는 생각에서다. 그러려면 구청에 용도변경 허가를 받아야 했다. 주거용에서 업무용으로 신고를 하기 위해서는 면허를 보유한 건축사가 필요했다.

용도변경을 하는 김에 가능하면 한 층을 더 증축해보고도 싶었다. 다가구주택의 경우 제3종 일반주거지역이었는데, 용적률(대지 안에 있는 건축물의 바닥 면적을 모두 합친 면적인 연면적의 대지 면적에 대한 백분율) 300% 한도 내에서 증축이 가능했다. 토지이음(www.eum.go.kr) 사이트에 들어가면 토지이용계획 확인서를 뗄 수 있고 이를 통해 주소별 용도 확인이 가능하다.

매수한 건물의 용적률을 계산해보니 두 층까지도 증축이 가능했지만 공사비 등을 고려했을 때 한 층 정도가 현실적인 범위일 것 같았다. 증축 범위에 대해서는 오피스텔과 다가구주택을 중개해준 공인중개사 사무소의 추천을 받은 건축사와 상의 후 결정하기로 했다.

그렇게 신촌을 비롯해 서대문구 관내 일을 오랫동안 해온 한 건축사와 미팅을 했다. 나이가 지긋한 분이었는데 공인중개사 사무소 사장님의 추천과 동네에서 일을 오래한 분이라는 말을 믿고 계약을 진행하기로 했다. 상담 후 지하 1층과 1층은 상가로 용도변경 하고, 한 층을 증축하는 것으로 설계 계약을 맺었다. 견적은 500만 원 정도였다.

이제 변경된 설계로 시공해줄 업체를 찾을 차례였다. 기존에 주거용이었던 공간을 상가로 리모델링 하고, 증축을 통한 공간 신설 및 내부 인테리어까지 해야 했다. 10평 남짓한 가게 리모델링과는 차원이 다른 범위였다. 게다가 가지고 있던 돈을 전부 모아 다가구주택을 사는 데 썼기 때문에 공사 예산은 굉장히 빡빡한 상황이었다. 잔금 일부를 완공 후 입주자의 보증금으로 충당해야 했다.

마침 대학 선배 친구의 남동생(인테리어 업체 대표였다)을 소개받았다. 차분하고 깔끔한 인상에(그땐 몰랐다. 이분이 사기꾼이라는 것을. 사기꾼은 사기꾼처럼 안 생겼다는 말에 이제는 깊이 공감한다), 수입차를 끌고 다니며 (이런 사람은 특히 더 조심해야 한다), 스타벅스 리모델링 등 화려한 포트폴리오를 가지고 있었다(프랜차이즈 포트폴리오는 허수가 많음을 나중에서야 알게 되었다).

미팅 후 효율적인 방향으로 인테리어를 해보기로 했고 7천만 원의 견적서를 받았다. 당시 나에게는 굉장히 부담스러운 금액이었지만 공사 범위가 범위인지라 일단 진행을 해보기로 했다. 견적서에 적힌 예산을 초과하면 감당하기 어려운 상황이라는 내용을 거듭 공유하며 잘 진행해달라고 부탁을 드렸다. 설계비와 인테리어비 선금을 충당하기 위해 오피스텔을 담보로 3천만 원을 대출받았다.

다가구주택 설계 변경 방향	
[증축] 4층(주거용): 16~17평	
기존 3층(주거용): 20평	
기존 2층(주거용): 20평	
[용도변경] 1층(업무용): 20평	
주차장(2대 가능): 8~9평	[용도변경] 지하 1층(업무용): 11~12평

▲ 지하 1층과 1층을 주거용에서 업무용으로 '용도변경' 하고, 4층을 '증축'해서 주거용 공간으로 바꾸고 싶었다.

────• 엉터리 도면을 그려온 건축사

　설계와 시공을 해줄 전문가(?)를 찾고 계약한 후, 설레는 마음으로 도면이 완성되길 기다렸다. 한 달 정도 후 도면이 완성되자 시공사 대표에게 전달했고, 드디어 착공에 들어갔다. 지하 1층과 1층에는 아직 임차인이 살고 있었기에 증축 공사를 먼저 진행하기로 했다. 증축한 4층은 주거용으로 만든 후 대학생 등 수요자를 대상으로 임대할 계획이었다.

　그런데 증축 공사 시작 후 외형이 어느 정도 완성될 즈음, 도면에 심각한 문제가 있음을 발견했다. 제작된 도면을 보니 기존 2층부터 증축될 4층까지 3개의 독립된 집을 모두 하나의 계단으로 연결되게 설계한 것이다. 하나의 계단으로 연결된 '통 3층집'의 모습이었다. 만약 4층을 가야 할 경우 2층으로 진입 후 3층을 거쳐 올라가야 하는 구조였다.

곧바로 여러 문제들이 떠올랐다. 우선 1층을 상가로 쓰기로 했는데, 2층부터 4층까지 그곳에 사는 사람들이 모두 2층 출입문으로 들어갈 경우, 입구가 매우 번잡스러워질 것이 예상되었다. 건물에 따로 엘리베이터가 없기에 계단으로만 이동이 가능한데 동선이 불편해 보이기도 했다. 그렇다고 3층이나 4층으로만 가는 외부 계단을 만드는 것도 다소 위험한 선택지였다. 외부 계단 제작비 역시 만만치 않았다.

또 다른 문제는 증축 후 세입자를 받고 지하 1층과 1층은 임차인의 계약 기간이 끝나면 그때 공사를 진행하기로 했는데, 이 도면으로는 모든 공사가 한 번에 이루어져야 허가가 떨어진다는 점이었다. 도면과 동일하게 공사가 완료될 때만(지하 1층과 1층, 증축하는 층까지 모두) 가능한 시나리오였다. 증축 공사만 완료한다고 끝날 문제가 아니었다. 상황이 이렇게 되니 증축 후 임차 보증금을 받고 다음 단계를 진행하는 것 자체가 불가능해졌다.

설계사가 도면을 사전에 협의한 바와 전혀 다르게 엉터리 결과물로 만든 탓도 있었지만, 결국 나와 시공사가 검토를 제대로 하지 않은 책임이 컸다. 도면에 문제가 없는지 시공사 측에 확인을 부탁했을 때 문제없다는 답변만 들은 채 공사 진행을 결정한 게 문제였다. 시공사는 도면을 대충 본 후 답을 해온 것이었고, 결과적으로 제대로 확인하지 않은 내 잘못이었다.

설계사는 '나는 용도에 맞게 도면을 그려줬으니 내 일은 제대로 한 것'이라며 발뺌했다. 시공사는 '설계사 잘못이니까 알아서 협의하라'며 해결점을 찾을 수 없는 방향을 제시했다. 상황이 이렇게 되니 전문가 섭외와 관리를 잘못했다는 생각에 아찔한 기분이 들었다. 이후 업계 상황을 알아보니 양쪽 모두 다소 엉터리 전문가였다. 이유야 어찌 되었든, 이 모든 상황을 책임지고 마무리해야 하는 사람은 다름 아닌 건물주인 나였다. 어떻게든 상황을 수습해야 했다.

일단 설계사는 새로 섭외하기로 했다. 기존 설계사와는 도저히 대화가 통할 것 같지 않아서다. 외관까지 증축 완료된 상황에서 도면 문제로 공사가 올스톱 되었기에 이에 맞는 설계 방향을 다시 협의해야 했다. 기존의 도면을 버리고 새로 찾은 솔루션은 지하 1층부터 3층은 지금처럼 독립된 거주 공간으로 두되, 증축한 4층을 업무용으로 허가받는 것이었다. 그렇게 해야 멈춰진 공사를 큰 틀에서 흔들지 않고 재개할 수 있었다.

설계를 내 마음대로 할 수 없는 이유는 여러 건축법을 고려해야 해서다. 토지마다 주거의 종류가 다양한데, 그 종류에 따라 용적률과 건폐율(대지 면적에 대한 건물의 바닥 면적의 비율)이 다르기 때문이다. 앞서 언급했듯 내가 매수한 다세대주택은 제3종 일반주거지역이라 최대 용적률이 300%였기에 이 범위 안에서만 증축이 가능했다. 건 폐율 역시 1994년에 지어질 당시 허용 범위는 토지 규모의 60%까 지였지만, 지금은 50% 안에서만 가능하다. 증축을 한다면 바닥 면 적을 토지 대비 50% 비율로 지켜야 했다.

그다음 주차장 공간도 관련법에 맞게 계산해야 한다. 주거용인지 업무용인지에 따라 용도별 주차장 계산 셈법이 다르기 때문이다. 나 의 경우 건축 허가 당시(1993년 2월 기준) 셈법으로 2대의 주차가 가능 했다. 2대 안에서 근린생활시설 면적을 계산한 후 범위 내로 만들어 야 했다(근린생활시설의 경우 134㎡당 1대를 추가해야 한다).

용도	건폐율/용적률
제1종 전용주거지역	건폐율: 50% 이하 용적률: 50% 이상, 100% 이하
제2종 전용주거지역	건폐율: 50% 이하 용적률: 50% 이상, 150% 이하
제1종 일반주거지역	건폐율: 60% 이하 용적률: 100% 이상, 200% 이하
제2종 일반주거지역	건폐율: 60% 이하 용적률: 100% 이상, 250% 이하
제3종 일반주거지역	건폐율: 50% 이하 용적률: 100% 이상, 300% 이하

▲ 주거 용도별 건폐율과 용적률 기준. 건축물대장을 떼면 확인이 가능하다.

어차피 주차 대수를 늘리는 건 토지의 제한으로 불가능했다. 주차장을 늘릴 수 없을 경우 인근 주차장을 확보해야 하는데 이 부분도 여의치 않은 상황이었다. 결국 기존 주차장을 사용하는 범위 내로 설계를 진행했다. 주차장법에 따르면 현재 단독주택, 다가구주택, 근린생활시설 여부에 따라 주차장 설치 기준이 다르다. 반드시 관련 법령을 확인 후 설계를 계획해야 한다.

새로운 설계사를 만나며 알게 된 정보는 매수한 건물에 불법 증축이 있었다는 점이었다. 지하 1층에 살던 임차인이 공간을 불법 증축해 사용해왔던 것이다. 일부 불법 증축 공간이 주차장 영역을 침범했지만, 그간 걸리지 않은 덕에 계약 당시 서류에 불법 증축에 대한 고지가 없었다. 사전 지식이 없었기에 계약 당시 모르고 넘어간 지점이었다. 증축 허가를 받으려면 불법 증축 영역에 대해서도 양성화 작업을 해야 했다.

만약 오래된 상가·다가구주택 등을 사서 용도변경을 계획하고 있다면 매매 계약 전 이런 부분을 전문가와 함께 꼼꼼히 확인하라고 권하고 싶다. 사전에 비용을 주고서라도 건축 설계사, 시공 담당자와 현장 점검을 하며 법적으로 문제가 없는지, 내가 원하는 방향으로의 변경이 용이한지 컨설팅을 꼭 받아야 한다. 그러지 않으면 후일에 치를 대가가 어마어마해진다.

요즘처럼 세금 규정이 복잡한 시기라면 회계사나 세무사 사전 미팅 또한 필수다. 나는 이런 부분을 미처 생각하지 못했기에 설계와 시공 전 과정을 포함해 3천만 원에 가까운 제법 큰돈과 무려 1년이 넘도록 내 시간까지 손해를 봐야 했다. 그간 받았던 스트레스 및 에너지 소모는 말할 것도 없었다. 그렇게 새로운 건축사를 섭외한 뒤 비용을 다시 500만 원으로 계약했다.

	1차 설계	2차 변경 설계	비고
신촌 다가구주택 설계안	증축 4층(주거용)	증축 4층(업무용)	[1안] • 2~4층 통합 • 1층과 지하 1층을 업무용으로 하는 구조
	3층(주거용)	3층(주거용)	
	2층(주거용)	2층(주거용)	
	1층(업무용)	1층(주거용)	[2안] • 기존 형태 유지 • 증축할 4층만 업무용으로 하는 구조
	지하 1층(업무용)	지하 1층(주거용) + 불법 증축 양성화	

▲ 두 번에 걸쳐 진행된 설계. 용적률과 주차장 2대를 기준으로 맞춰야 했다.

새로운 건축사 섭외 및 추가 비용을 지불한 끝에 설계에 대한 부분은 어느 정도 정리할 수 있었다. 이어서 시공 문제를 해결해야 했다. 설계는 백만 원 단위라 쉽게 넘길 수 있었지만, 시공은 천만 원 단위가 오가는 영역이었다. 담당 시공사 대표와 처음부터 세세하게 견적 재협의를 진행해야 했다.

새롭게 설계 도면을 받은 후 두어 달간 멈췄던 공사를 재개했다. 이미 나의 머릿속은 '왜 저 건물을 샀을까?'에 대한 후회로 가득했다. 하지만 그런다고 이 상황을 무를 수도 없었고, 가만히 있는다고 해서 해결될 문제도 아니었다. 마음을 추스르고 시공사 대표를 만나 다음 단계에 대한 협의를 진행해야 했다. 지하 1층과 1층은 기존처럼 주거용으로 활용하기로 해 공사에서 제외했다. 견적 정리를 다시 요청했다.

하지만 시공사 대표는 지하 1층과 1층 리모델링을 하지 않더라도 계약된 금액은 깎아줄 수 없다는 입장이었다. 증축 공사에 대한 도면이 바뀌었기에 품이 더 들어간다는 이유에서다. 이미 전체 7천만 원 중 2천만 원 정도를 선금으로 드린 상황이라 업체 선정을 새로 할 수도 없었다. 일단 '잘 알겠다. 제대로 부탁한다'라는 대답 후 공사를 재개하기로 했다.

그런데 그때부터 시공사 대표가 이상한 태도를 보이기 시작했다. 약속한 일정에 상습적으로 공사를 진행하지 않는 것이었다. 언제 진행되느냐고 물어보면 일정을 변경하기 급급했다. 미팅을 잡으면 타이어가 펑크 났다는 등의 이유로 나타나지 않았다. 겨우겨우 시공 일정이 잡혀도 작업자만 있을 뿐, 담당자나 책임자는 현장 어디에도 보이지 않았다. 그렇게 약속한 일정이 한 달, 두 달 지연되기 시작했다.

그사이 시공사 대표는 나의 추천으로 지인의 해방촌 위스키바 리모델링까지 맡은 상황이었다. 약속을 어기고 일정을 미루는 행동을 보이기 전 지인과 계약을 한 것이다. 알아보니 지인의 가게도 시공 상태가 엉망이었다. 약속을 안 지키는 것은 기본이요, 시공 때 작업자만 보내는 일이 빈번했다. 아르바이트생처럼 보이는 중간 관리자가 간간히 오는 게 전부였다.

어찌어찌 공사는 마무리되었지만 시공사가 관리를 안 하니 마감이 엉망이었다. A/S를 해야 할 부분이 속출했지만 시공사 대표는 역시나 감감무소식이었다. 결국 지인은 새로운 업체를 섭외해 추가 비용을 들여 일일이 문제가 있는 곳을 손봐야 했다. 이 이야기를 들으니 다가구주택 공사의 말로가 진심으로 걱정되기 시작했다.

담판을 짓기 위해 시공사 대표와 만나 계약서를 다시 쓰기로 했다. 이쯤 되면 2천만 원을 포기한 후 신규 업체를 선정해야 했지만 수중에 여유 자금도 없었고, 이미 들어간 돈도 아까웠고, 지인 동생이라는 사람을 끝까지 믿고 싶은 미련한 마음을 버리지 못했다. 1차 중도금 1천만 원을 더 주는 대신, 공사 기한 내 완료를 못하면 그 금액을 돌려주는 조건을 추가했다. 하지만 결과적으로 공사 기간은 안 지켜졌고 돈은(그것도 수십 차례 남편이 전화를 건 끝에) 500만 원을 돌려받은 게 전부였다.

그렇게 2015년 한 해를 아무 결과 없이 허무하게 보냈다. 시공사 대표는 허공으로 증발했고, 증축하다 만 공간은 흉물처럼 우두커니 남아 있었다. 그나마 지붕 등 외부 구조는 만들어져 있어 눈과 비는 피할 수 있었다. 결국 그곳은 별다른 해결책을 찾지 못한 채 방치되기 시작했다. 설계사와 시공사를 상대하던 나는 이미 지칠 대로 지쳐 있었다.

내가 너무 부족해서, 첫 번째 설계사를 제대로 만나지 못해서 문제가 커진 건 아닐까 자책도 많이 했다. 시공사 대표도 사정이 있겠지 하는 마음을 가져보기도 했다. 하지만 그 마음조차 방배경찰서에서 걸려온 전화 한 통에 순식간에 사라졌다. 방배동의 타 건축주가 시공사 대표를 상대로 형사소송을 한 것이다.

황당했던 것은 시공사 대표가 그 방배동 공사 문제는 나 때문이라며, 책임을 전가하는 증언을 했다는 것이다. 신촌 다가구주택 공사가 미뤄지면서 다른 시공에도 영향을 미쳤다며 말이다. 하지만 계산해보니 그 시점에 이미 시공사 대표는 나와도 연락이 두절되었었고, 의뢰한 현장도 나 몰라라 하던 때였다. 경찰에게 나 역시 피해자이며 나도 당할 만큼 당했으니 오해하지 말라고 전했다.

그렇게 설계에 500만 원, 시공에 2,500만 원(다행히 돌려받은 500만 원 포함)을 허공에 날리고 제대로 이 세계에 대해 배우게 되었다. 공사가 멈춰진 건물 근처에는 정말 가기도 싫어졌다. 이윽고 고민조차도 사치라 생각하며 어느 순간 자포자기하는 지경에 이르렀다. 그러던 중 뜻밖의 상황에서 다가구주택에 대한 솔루션을 찾게 되었다.

──• 증축한 곳에 소극장을 만들다

증축한 공간은 공사가 멈춰진 채 반년 넘게 방치되어 있었다. 새로운 시공자를 섭외하는 게 도저히 엄두가 나질 않아서였다. 가끔 악몽을 꿀 만큼 해결되지 않은 상황 때문에 무척 괴로웠다. 가게를 운영하고 최대한 바쁘게 지내며 잊고 싶었지만 생각처럼 잘 되지 않았다. 그러던 어느 날 밤 술자리에서 뜻밖의 대화가 오갔다. 친한 연극 동아리 선배와 술을 한잔하던 와중이었다.

당시 선배와 함께 '원부술집'에서 희곡 낭독 공연을 7회 정도 진행했는데, 생각보다 인상적인 경험이었다. 한편 상업 공간에서의 공연이었기에 보완할 지점이 많아 아쉽기도 했다. '조금 더 좋은 컨디션을 갖춘 공연장이었으면 좋았을 텐데' 하는 마음이었다. 그러다 소극장에서 제대로 된 희곡 낭독 공연을 기획해보면 어떨까 하는 아이디어가 나왔다. 선배는 전문 연극 연출가로 활동하던 사람이었기에 이런저런 방법론을 이야기하기 시작했다.

이윽고 우리는 여러 소극장을 언급하며 극장 관리자나 담당자인

지인에게 연락을 돌려보았다. 대학로 어디에 이런 공간이 있었지 하고 떠오르면 바로 전화해 문의했다. 대관료는 얼마이며 사용하기 위해서는 어떤 부분을 지켜야 하는지 등의 정보를 수집했다. 소극장 대관은 생각보다 쉽지 않았다. 대관료 문제부터 준수해야 하는 규칙과 패널티가 만만치 않았다.

그러다 농담처럼 "우리가 극장을 만드는 게 낫겠네"라는 말이 튀어나왔다. 그러던 찰나, 잊고 있던 증축하다 만 다가구주택이 떠올랐다. 한번 가보자는 약속을 한 다음 날, 선배와 함께 증축 공간을 찾아갔다. 극장으로 운영할 만한지는 전문 연출가인 선배의 판단이 중요했다. 어떤 생각을 할지 궁금했는데 의외의 대답이 나왔다. "부연아, 여기 극장으로 운영하면 재미있는 공간이 되겠는데?" 그렇게 우리는 신촌에, 그것도 지상 꼭대기라는 생소한 위치에 극장을 세우는 기획을 추진하게 되었다. 2017년을 맞이하기 직전이었다.

선배와 나는 공동대표 체제로 극장 만들기 사업을 꾸려갔다. 문제는 극장을 만들 비용이었다. 외관은 어찌 있다고 하더라도 극장 용도에 맞춰 내부를 채워야 했다. 조명, 음향, 무대용 바닥 세팅 등에 들어갈 시설비를 따져보니 만만치 않았다. 대략 7천만 원 정도의 비용이 필요했다. 이 돈을 어떻게 충당할까 고민하다 두 가지 방향으로 비용을 마련해보기로 했다. 첫 번째로 뜻있는 지인들의 무이자 후원, 두 번째로 온라인 플랫폼을 활용한 펀딩이었다.

연극 동아리 선후배를 중심으로 도움을 요청한 끝에 3천만 원가량의 무이자 후원금이 모였다. 극장 오픈 후 수익화해 원금을 되돌려주는 조건이었다. 플랫폼(텀블벅) 후원금 목표는 4천만 원으로 잡았다. 플랫폼 펀딩치고는 높은 금액이었지만, 그만큼의 예산이 필요했기에 낮출 수가 없었다. 대신 펀딩을 위한 콘텐츠를 공들여 준비했다. 젠트리피케이션으로 수많던 소극장이 사라진 신촌에 문화예술 소극장을 만든다는 이슈에 관심과 도움을 요청했다.

감사하게도 내로라하는 문화계 선배들이 후원 요청 영상과 응원을 보내줬다. 나영석 피디, 장강명 작가, 성석제 작가, 이상길 교수 등이 문화예술계 발전을 지지하며 함께해주었다. '신촌극장'의 취지를 듣고 손석희 앵커도 응원 메시지를 보내줬다. 이분들이 응원에 동참해주니 후원이 나비효과처럼 이어졌다.

그렇게 플랫폼 관계자도 불가능하다 했던 펀딩 목표 금액 4천만 원을 달성했다. 무이자 후원금과 플랫폼 후원금을 합해 시설비를 마련하고 나서 우리는 본격적으로 '신촌극장'이라는 타이틀로 극장 만들기 작업에 돌입했다. 앞선 실패를 바탕으로 극장을 만들어줄 새로운 시공자를 철저한 검증을 통해 섭외했고, 조명, 음향 설비 등은 전문가의 자문을 얻어 하나하나 세팅해갔다. 드디어 2017년 6월, 오픈을 기념하며 '신촌극장' 개관 파티를 열었고 그간 후원해준 많은 분을 초대해 축하를 받고 감사의 마음을 나눌 수 있었다.

▲ 증축과 수리 과정에서 많은 고생을 하게 만든 건물이었지만, 이 건물의 꼭대기 층에 문화예술 소극장을 만드는 과정에서 큰 기쁨과 보람을 느끼기도 했다. 사진은 다가구주택 밖에 걸린 '신촌극장'의 간판 모습.

이렇게 나의 다가구주택은 증축 후 상가 건물로 완성이 되었다. 과정은 쉽지 않았지만 결국 어떤 식으로든 매듭을 지은 것이다. 물론 큰 틀에서의 세팅을 완성한 이후에도 노후화된 건물을 관리하는 건 쉽지 않았다. 콘크리트와 벽돌을 혼합해 지은 건물이기에 추위와 자연재해에 취약했으며, 수시로 내·외부 수리를 진행해야 했다. 연식이 어느 정도 된 건물이라 난방 및 배관 등 설비도 손봐야 했다. 매해 들어가는 수리비도 만만치 않았다.

다시 한번 강조하지만, 건물 매수에 관심이 있는 분이라면 비용을 들여서라도 사전에 전문가와의 상담을 꼭 받아보길 바란다. 나 역시 건물 매수 전 전문가 상담을 받았더라면 미리 대비해 추가 지출을 막을 수 있었던 일들이 상당히 많아서다. 또한 요즘처럼 부동산 정책이 다변하고 세금 이슈가 복잡해질수록 더 적극적으로 돌다리를 두들겨보는 자세가 필요하다.

Tip

건물 매수 전 꼭 만나야 할 3명의 전문가

아파트와 달리 건물은 설계부터 시공, 세금까지 살펴봐야 할 것들이 굉장히 많다. 가격 메리트만 보고 덥석 사기 전, 전문가와 함께 꼼꼼한 사전 검증 절차가 필요하다. 특히 건물 매입 후 증축, 용도변경, 재건축 등을 할 계획이라면 반드시 다음 세 분야의 전문가를 사전에 만나 상담을 받아보길 바란다.

1. 건축 설계사

설계사와의 사전 상담을 통해 건물에 불법 증축이나 하자가 없는지, 용도 및 설계 변경을 할 경우 문제가 없는지 따져봐야 한다. 건물 도면은 매매 계약서가 있다면 관할 구청에서 열람 신청이 가능하나 계약 전이라면 매도자에게 부탁해 사전에 확인해보자.

2. 시공 담당자

기존 건물을 그대로 활용할지라도 건물을 지어본 전문가를 통해 다양한 의견을 들어보길 바란다. 미처 보지 못한 문제점을 전문가의 시선을 통해 확인해볼 수 있어서다. 매도인과 중개사는 매매를 위해 굳이 이야기하지 않아도 될 단점들은 공유를 생략하는 경우가 많다.

3. 세무사

요즘 부동산 투자는 세금 이슈가 가장 중요하다. 건물 매수 계획이 있다면 매도 시 어떻게 절세를 할 수 있을지 처음부터 계획을 미리 미리 잘 세워야 한다. 매수 시 챙겨야 할 서류나 자료에는 무엇이 있는지도 확인해두면 좋다. 계약서를 쓰고 잔금을 치룬 후에는 되돌릴 수 없기 때문이다.

이때 단순히 전문가라고 무조건 믿고 섭외해서는 안 된다. 아무리 친하더라도 그저 지인 소개로 전문가를 고용하는 건 추천하지 않는다. 시공과 설계 등 실제로 처음부터 끝까지 작업을 함께해본 사람의 경험담을 듣고 추천받아야 한다. 이후에도 전문가와 미팅을 가지며 충분한 이야기를 나누는 시간이 중요하다. 과정에 대한 기록 또한 필수다.

설계나 인테리어 등 건축 관련 시장은 대기업이나 특정 브랜드가 부재하다. 개인 사업자를 중심으로 파편화되어 있기에 실력 및 포트폴리오 검증이 쉽지 않다. 특정 작업을 자신의 포트폴리오라고 우겨도 그것이 사실인지 제대로 확인할 방법이 없다. 이전 경험자들의 리뷰가 그래서 중요하다. 특히 건물 등 고난이도의 부동산을 의뢰할수록 말이다.

< Stage 5-5 >

갭투자:
서울의 '국평' 아파트를 매수하다

'원부술집' 3층 1.5룸으로 이사한 지 2년이 지나자 계약 만기일이 다가오고 있었다. 주말부부로 창원에 있던 남편도 상암동으로 이사한 지 1년 후 서울 본사로 돌아와 함께 살게 되었다. 주말에만 함께 있다 온종일 같이 지내려다 보니 두 사람이 살기엔 집이 점점 좁아질 수밖에 없었다. 실평수 8평 남짓한 1.5룸에 둘이 사는 건 생각보다 쉽지 않은 일이었다.

자연스레 계약 만기가 다가올 즈음 이사에 대한 고민이 시작됐다. 아파트로의 이사를 다시 고려할 수밖에 없었다. 1.5룸 계약 만기는 2016년도 여름이었고, 이사를 결심한 시점은 2016년도 이른 봄이었다. 퇴거 시점까지 몇 개월 남지 않았기에 본격적으로 집을 보러 다녀야 했다.

처음엔 직주근접 중심의 월세 매물을 알아보았다. 하지만 생각보다 마음에 드는 곳이 없었고 전세를 선호하지 않았던 우리는 매매하는 쪽으로 노선을 변경했다. 매매는 거주 요건에 투자 요건까지 따져봐야 할 영역이 많았다. 이 모든 요건을 만족할 만한 집을 구하기까지는 꽤 오랜 시간이 걸렸다. 역세권 국평 아파트를 매수하기까지의 과정을 이번 장에서 공유해볼까 한다.

───• 새롭게 살 집 마련하기

남편과 나는 직주근접을 1순위로 이사할 지역을 알아보기 시작했다. 여의도가 직장인 남편과 상암동 및 신촌 위주로 다니는 나의 동선을 고려하니 마포구가 여전히 가장 좋은 위치였다. 일단 살던 곳에서 가까운 순서로 아파트를 보러 다니기로 했다.

당시 목돈이 부동산에 묶여 있기도 했고 부부 모두 전세를 선호하지 않았기에 월세 매물을 알아보기로 했다. '상암휴먼시아 1단지와 2단지' 등 상암동을 시작으로 'DMC마포청구', 'DMC래미안e편한세상(서대문구)', 'DMC파크뷰자이(서대문구)'까지 두루 임장을 다녔다. 각 단지마다 저마다의 장점이 있었지만 아쉽게도 마음에 와닿는 곳은 없었다.

가장 큰 이유는 집의 구조와 관리 상태 때문이었다. 기본적으로 탁 트인 개방형을 선호하는데 봤던 집들 모두 생각보다 구조가 답답했다. 신축 아파트도 계약 평형 대비 좁게 느껴졌다. 임차인이 살던 곳은 관리가 덜 되어 있어 연식에 비해 낡은 느낌이었다. 형편에 맞게 살자는 마음이 들다가도 막상 집을 보니 바라는 것들이 많아졌다.

지역을 확장해 집을 더 보기로 했다. 하지만 마포구 내 선택지는 생각보다 다양하지 않았다. 고민하던 차에 남편 직장 동기로부터 6호선 '광흥창역' 인근을 추천받았다. 살면서 처음 들어본 동네였다. 추천해준 직장 동기가 광흥창역과 상수역 사이 오피스텔에서 살게 되었는데 직주근접을 비롯해 삶의 만족도가 높다고 했다.

지도를 보니 추천해준 사람의 말대로 장점이 굉장히 많았다. 일단 광흥창역 앞에서 서강대교만 건너면 여의도였고 남편 직장까지 한 번에 가는 버스 노선이 있었다. 상암동 '원부술집'까지는 6호선을 이용하면 되었고, 신촌은 도보로도 갈 수 있었다. 직주근접에 있어 최고의 위치였다. 깔끔하고 조용한 동네 분위기도 마음에 들었다.

'광흥창역'에 꽂힌 나는 일대 아파트를 모두 임장해보기로 했다. '신촌태영데시앙', '신촌금호', '래미안밤섬리베뉴', '창전현대홈타운', '서강쌍용예가'까지 하나도 빼놓지 않고 모두 임장했다. 그렇게 광흥창역 일대 모든 아파트의 월세 매물을 둘러봤지만 역시나 이렇다 할 매물이 없었다. 임장한 소감을 남편과 나누며 상의하다 문득, 월세가 아닌 매매는 어떻겠냐고 이야기를 꺼냈다. 사실 거주용 아파트를 산다는 건 그때까지 계획에 없던 투자였다. 거주용 공간은 굳이 매매할 필요가 없다는 생각이 컸기 때문이다. 2006년부터 꽤 오랜 시간 동안 아파트 가격이 횡보했기에 투자해야 한다는 확신이 들지 않았다.

다가구주택을 산 직후 여러 업자에게 당한 경험으로 신규 부동산 투자가 두렵기도 했다. 이때껏 늘 무리해서 부동산을 매수했고, 관리 문제에 어려움을 겪은 이유도 있었다. 유지 보수 비용도 만만치 않았기에 새로운 투자는 좀 더 천천히 해보자는 생각을 하게 된 것이다.

하지만 월세 매물 중 마음에 드는 집이 없다 보니 우리의 생각도 점점 달라지기 시작했다. 월세 계약 후 인테리어를 하는 것은 어떨까 생각도 했지만, 남의 집에 비용을 쓰는 데 쉽사리 마음이 가지 않았다. 당장 집값이 오르진 않더라도 일단 살 집은 필요하니 차라리 매수 후 '고쳐 쓰자'는 쪽으로 점차 의견이 기울었다.

매수를 결심한 후에도 불안한 마음이 들었다. '지금 같은 고점에 빚내서 아파트를 산다고?'와 같은 집 사는 것에 대한 냉랭한 시선이 있었고, 가격 하락에 대한 두려움도 있었기 때문이다. 한편으로 더 좋은 투자처를 포기하고 집을 선택하는 건 아닌가 싶기도 했다. 하지만 결국 거주를 위한 집은 필요하니 매수의 관점으로 집중해보자는 결론을 내렸다.

──→ 아파트 매수의 기준

일단 매매의 기준으로 다시 집을 둘러보기로 했다. 그러다 보니 세를 사는 것과는 다른 조건을 적용해야 했다. 출퇴근 등 직주근접이 셋집을 보는 기준이었다면, 매매할 곳은 리모델링을 했을 때 구조가 마음에 드는 곳, 평지에 위치해 이동이 편한 곳, 미래 투자 가치와도 부합하는 곳 등 계산해볼 지점이 많았다. 또한 매도가와 우리가 아파트를 매수할 수 있는 예산도 맞아떨어져야 했다. 나와 남편은 아파트 매수 조건과 기준을 새롭게 정리했다.

아파트 매수를 위한 조건

① **예산:** 2억 원 이내 갭투자(매매 6억 원/전세 4억 원 시세가 기준)

② **지역:** 광흥창역 인근 마포구 역세권 아파트

③ **조건**

- **평지 아파트(부부 선호 가치)**

- 500세대 이상(투자 가치)

- 환금성을 고려해 국평(33평 전후) 매물 우선(투자 가치)

- **광폭 베란다가 적용된 곳(부부 선호 가치)**

- 학군이 나쁘지 않은 곳(투자 가치)

- 주차장이 여유 있는 곳(투자 가치)

앞의 표에서 '투자 가치'라고 표현한 부분은 월세로 집을 볼 때와 다른 새로운 기준이었다. 월세로 지낼 경우라면 내부 구조나 상태만 만족스러우면 충분했다. 그 외에 단지 환경 등 외부적 요소는 최소한만 갖추면 되었다. 하지만 매매의 입장에서 보니 몇 가지 더 고려할 요소들이 생겼다.

먼저 어느 정도 세대 규모가 갖춰져야 했다. 소위 '나홀로 아파트'나 2동 전후의 세대수가 적은 아파트는 시세 확인이나 매물 흐름이 원활하지 않아서다. 세대수가 적은 아파트는 거래량이 적다 보니 시세 반영이 주변에 비해 늦어질 수밖에 없다. 만약 급하게 아파트를 매도해야 하는 상황이라면 변수로 작용하게 된다.

평형 역시 '국평'이라 불리는, 33평(전용면적 약 84㎡) 매수를 우선시했다. 투자의 기준으로 보니 환금성이 중요하다 생각했고, 이는 거래가 가장 많이 이루어지는 평수를 사는 게 유리함을 뜻했다. 20평대

나 40평대는 상대적으로 세대수가 적어 30평대에 비해 거래가 적었다. 물론 요즘에는 1인 가구 증가로 20평대 선호도가 높아졌고, 한편으로 코로나19 시국으로 인해 재택근무와 온라인 수업이 늘어나면서 대형 평수에 대한 수요도 커졌다. 하지만 2016년 당시에는 매물 수가 적은 평형대는 시세 반영이 애매할 수 있다고 판단했다.

우리 부부에게 해당되지 않는 상황이지만, 학군 또한 주요 요소로 보게 되었다. 인근 초등학교가 한 반당 학생이 몇 명인지, 마포구 내 선호도가 높은지 등을 따져봤다. 또한 '초품아(초등학교를 품은 아파트)'인지, 횡단보도를 몇 번 건너는지도 확인했다. 중등 학군과 고등 학군은 어떻게 이어지는지도 살펴봤다. 매수 시 학군도 중요한 요소였기 때문이다.

마지막으로 주차장이 편리하고 여유가 있는지 따져보았다. 당시 우리 부부에겐 차가 없었지만 추후 필요할 누군가를 위해 주차장 인프라가 중요하다고 생각했다. 세대당 2대까지 주차가 괜찮은지 파악했다. 우리가 쓰지 않더라도 다음 매수자에게는 중요한 요소가 될 수 있기에 매수 시 이 부분도 고려했다.

투자 가치에 대한 여러 조건들을 따져봤지만, 집을 사려면 일단 예산이 가장 중요했다. 돈이 있어야 부동산도 구입할 수 있기 때문이다. 투자 가치를 고려한 리스트 작성 후, 가용할 수 있는 예산을 확인해봤다. 기존에 살던 1.5룸 보증금 및 기타 자금을 포함해 수중에는 6천만 원 정도가 있었다. 월세로 알아보고 있었기에 월세 보증금만 확보한 상황이었다.

하지만 매수를 고려하다 보니 가용 금액을 더 찾아봐야 했다. 알아보니 몇 가지 방법들을 활용할 수 있었다. 당시 다가구주택의 지하 1층과 1층의 기 전세 임대차 기간이 만료되는 상황이었다. 오래된 집 내부를 리모델링 한 후 전세 보증금을 올려 받는다면 비용 충당이 가능해보였다. 물론 두 개 층의 전세금을 올려 받는 것만으로는 부족했다.

월세를 받던 오피스텔 1채를 매도하는 옵션도 고려해야 했다. 당시 6,500만 원을 주고 4채를 구입한 오피스텔 중 3채는 이미 전세로 운용 중이었다. 월세를 받고 있던 나머지 하나를 매도한다면 목돈을 마련할 수 있었다. 시세를 보니 8,500만 원까지는 매도가를 받을 수 있을 것 같았다. 기 보증금 500만 원, 다가구주택 인테리어 준비 차 대출받은 3천만 원을 제외하면 5천만 원의 예산 확보가 가능했다.

이번에도 꽤나 아슬아슬하게 예산 준비를 해야 했다. 일단 아파트를 갭투자로 매수하고, 임차인 계약 만료 시 인테리어 후 입주하는 계획이었다. 기 전세 보증금에 대해서는 아파트 담보대출로 충당하기로 했다. 2016년 당시엔 매매 자금의 60~70%까지 대출이 가능했기에 큰 문제가 없다면 진행해볼 수 있었다(대출 규제가 심해진 지금은 어려운 방법이다).

항목	비용
다가구주택 지하 1층 전세금	+ 8천만 원
다가구주택 1층 전세금	+ 1억 2천만 원
오피스텔 매도금	+ 5천만 원
보유 자금	+ 6천만 원
가용 자금 합	**3억 1천만 원**
다가구주택 지하 1층/1층 리모델링 비용	- 2천만 원 (층별 평균 1천만 원)
아파트 매매 시 취·등록세 등	- 1천만 원
갭투자 비용	- 2억 원
아파트 리모델링 비용	- 3천만 원 (인테리어 및 가구 일체 포함)
필요 자금 합	**2억 6천만 원**

▲ 가용 자금과 필요 자금을 계산해보니 대략 맞았다. 따라서 어느 것 하나 틀어지면 안 되는 계획이었다.

갭투자로 매수를 결정한 이유는 한도 문제로 대출이 안 되는 상황이 발생하거나, 갑자기 시장 변수로 전세금이 떨어지는 등의 변수에 대비하기 위해서였다. 하지만 매수 가격이 조금씩 오르는 분위기였기에 두 번째 조건은 크게 걱정하지 않기로 했다. 그렇게 아파트 매수 비용 마련을 위해 단계별로 준비하면서, 매수 조건을 만족하는 아파트 리스트를 기준으로 임장을 처음부터 다시 다니기로 했다.

────• 드디어 조건과 예산에 맞는 아파트를 발견하다

우리가 세운 새로운 아파트 매수 조건 및 예산에 맞는 매물을 둘러보았지만, 생각보다 가격 조건에 딱 맞는 매물이 많지 않았기에 꽤 오랜 시간을 들여 임장을 다녀야 했다. 수십 차례의 임장 끝에 우리가 원하는 조건인 '매매가 6억 원(전세 보증금 4억 원+갭투자 2억 원)' 예산에 맞는 매물을 매수할 수 있었다.

아파트 매수에는 운도 상당히 작용했다. 당시 아파트 가격이 조금씩 오르고 있는 상황이었기에 같은 아파트 내에서도 조건 차이가 상당히 컸다. 우리가 매수한 아파트 역시 6억 원부터 7억 원까지 매물이 다양하게 분포되어 있었다. 집주인 거주 여부, 내부 인테리어 완성도 등 조건에 따라 가격이 다양했다. 매수한 매물 역시 6억 원대 초반으로 나온 아파트여서 예산보다 매매가가 높았으나 중개사의 설득 끝에 가격을 맞출 수 있었다.

상승장 분위기에서 매매가를 조정한다는 건 쉽지 않은 일이었다. 하지만 당시 매도인이 급하게 외국으로 나간 상황이 변수로 작용했다. 언제 귀국할지 알 수 없어 부동산을 빠른 시일 내에 처분해야 했던 것이다. 매수하겠다는 사람 있을 때 빨리 파는 게 좋지 않겠냐며 중개사가 잘 설득해준 덕에 우리가 가진 예산에 매매가를 맞출 수 있었다.

가격 외에도 모든 조건이 만족스러운 매물이었다. 평지에 있는 500세대 이상의 아파트라는 점, 길을 건너지 않고 초등학교가 있다는 점, 세대당 2대까지 주차가 가능하다는 점, 역세권에 최적화된 위치라는 점 등 생각했던 모든 매수 조건에 부합했다. 무엇보다 우리 부부 모두의 직주근접을 해결해줄 수 있는 아파트였다. 모든 동선이 30분 이내에 소화가 가능했다.

불과 몇 달 전까지만 해도 나와 남편은 거주용 부동산에 대한 의지가 전혀 없었다. 하지만 막상 내 집 마련을 하고 나니 주거 불안이 사라지면서 생각 이상으로 마음이 편해졌다. 2년마다 이사 걱정을 안 해도 된다는 게 생소하기도 했다. '내 집이 있으면 든든하다'는 말의 의미가 무엇인지 알게 된 순간이었다.

전세 보증금 4억 원에 살던 임차인의 계약 만기일은 우리가 잔금을 치른 후 4개월 뒤였다. 상암동 1.5룸 계약 만기일은 1달 뒤였다. 인테리어 시기를 고려해 6개월 정도만 계약을 연장할까 하다가 그냥 다른 곳에서 지내기로 했다. '원부술집'과 같은 건물에 위치해 있어 동일한 건물주와 논의를 해야 했는데, 이 부분이 다소 껄끄러웠기 때문이다. 차라리 이사를 2번 가는 게 편한 옵션이었다.

▲ 매수 후 우리 부부의 취향을 한껏 담아 인테리어를 한 마포구 광흥창역의 국평 아파트.

다행히 그사이 아파트 값은 조금씩 상승세를 타기 시작했다. 전세 보증금을 돌려주기로 한 시점에는 매매가보다 20% 정도 시세가 올라 있었다(호가 기준). 시세 대비 저렴하게 샀기에 상승 폭도 그만큼 컸다. 전세 보증금을 돌려주기 위한 대출도 별문제 없이 받을 수 있었다. 30년 만기 원리금 상환 대출을 받아야 했는데, 막상 서류를 받고 보니 평생 집값만 갚으며 살아야 하는 건 아닌가 싶어 아찔한 기분이 들기도 했다. 집 전체의 60% 이상이 은행 지분과 다름없었다.

30년 만기 대출을 받아 임차인에게 전세 보증금을 반환하고 우리가 원하는 형태로 인테리어를 하는 작업을 시작했다. 인테리어 공사를 진행하는 데에는 가구를 포함해 3천만 원 정도의 예산이 들어

갔고, 여유 있는 일정으로 진행하다 보니 2달 정도 기간이 소요되었다. 그렇게 2016년 말, 은행 비중이 상당히 높지만 우리 스타일대로 만들어진 집에서 거주할 수 있게 되었다.

Tip

부동산, '투자' 목적과 '거주' 목적을 분리하자

한국부동산원에 따르면 2021년 7월, 서울 아파트 평균 매매가가 11억 930만 원을 기록했다. 지난 5년 내내 상승하는 아파트 가격을 보면서 무주택자들은 불안 심리로 '빚투(빚내서 투자)', '영끌(영혼까지 끌어모아서 투자)'을 해서라도 내 집 마련을 해야겠다는 의지가 강해졌다.

하지만 규제 강화로 대출 한도가 줄어들어 주택 매수를 하는 것 자체가 쉽지 않게 되었다. 이런 상황에서 내가 생각하는 솔루션은 투자로서의 부동산과 거주로서의 부동산을 분리하는 전략을 선택하는 것이다. 다음 경우의 수를 참고해 부동산 투자 계획에 참고하기를 바란다.

- 투자 목적 → 거주 목적 순으로 가는 투자
- 예산이 가능한 범위 내에서 최대한 '레버리지' 투자를 활용

1-1. 투자 옵션 ①: 주택일 경우

대출 한도가 높은 매물, 혹은 조정지역 외 매물을 살펴볼 수 있다. 단, 이런 조건의 주택일 경우 지방 부동산일 확률이 높으므로 철저한 시장 분석 및 조사, 공부가 필요하다.

1-2. 투자 옵션 ②: 상가, 업무용 오피스텔, 사무실 등일 경우

대출 한도가 높다는 장점은 있지만 다른 기준들을 좀 더 살펴봐야 한다. 시세 차익에 대한 기대뿐만 아니라 월세 등 수익성을 기준으

로 관리가 가능한지도 따져봐야 한다.

2. 실거주용 주택은 목돈을 최소화하는 방향으로

실거주용 주택은 목돈 비율을 최소화하는 방향으로 설정한다. 소위 '몸테크'라는 용어를 많이 사용하는데, 부동산 투자로 목돈을 마련한 투자자들이 초기에 많이 사용하던 방식이다. 목돈은 전부 투자금으로 쓰고 원룸 월세 등에서 거주하는 전략이다.

3. 투자금 회수 후 레버리지/갭투자를 활용해 실거주용 주택 매수

위의 방식 등을 활용해 투자금을 최대한 늘린 후, 시세 차익 목표 달성 후에 투자금을 회수한다. 이후 어느 정도 비용이 모였을 때 실거주용 주택을 매수한다. 먼저 대출이나 전세를 활용해 레버리지나 갭을 일으켜 매수한 후, 충분한 예산이 모였을 때 실입주한다. 갭투자를 활용할 경우 매수가와 전세가의 차이가 적을수록 매수자에게 유리하다.

부동산 정리: 매수보다 중요한 매도

모든 자산은 매수보다 매도가 중요하다. 특히 부동산은 매수 시 매도 계획을 어느 정도 세운 후 구입하는 게 좋다. 시세 차익을 염두에 두어 매도 계획을 짤 때는 내가 팔려는 물건이 다음 매수자가 사고 싶어 할 매력적인 매물인지도 따져봐야 한다.

아파트의 경우 KB부동산 사이트 등을 통해 단지별로 정확한 시세 확인이 가능하다. 하지만 그 외 용도의 부동산이라면 예산 계획을 꼼꼼히 세워 대응해야 한다. 또한 매번 달라지는 복잡한 부동산 정책과 세금에 대해서도 알아둬야 한다.

나의 경우 다가구주택은 일정한 수익률의 월세를 받을 수 있는 매물로 만든 후 매도를 진행했다. 오피스텔은 달라진 부동산 정책으로 월세화 목표를 달성하지 못한 채 목적에 맞는 수요자를 찾아 매도해야 했다. 현재는 시세 차익이 가장 큰 아파트 한 채만을 남겨둔 1주택자다.

자산은 다양한 내·외부 변수에 따른 대응이 필요하다. 나와 남편은 요즘과 같은 시기, 시세 차익이 가장 큰 부동산(아파트) 외의 유동성 자산을 확보해두기로 했다. 1년이라는 기간을 거쳐 우리 부부는 다음과 같이 부동산 포트폴리오를 단순화했다.

────• 다가구주택 월세화하기

2015년 말에 구입한 다가구주택의 경우 마포 아파트 매수를 위해 가능한 레버리지를 전부 당겨다가 썼고, 그 결과 건물 전세가의 합이(대출 포함) 매매가에 육박하는 기형적인 수치가 만들어졌다. 이 형태를 계획에 맞게 월세를 받는 구조로 바꿔가야 했다.

월세화를 결심한 이유는 크게 두 가지 때문이었다. 첫째, 고정적인 월세 수입이 필요했다. 불규칙한 사업소득을 보완하기 위한 안정적인 수입을 만들어두고 싶었다. 둘째, 매도 시 건물 가치를 높이기 위해서였다. 안정적인 월세 수익 및 일정 수준의 수익률이 나와야 더 높은 가격에 팔 수 있었다. 이러한 이유로 건물 월세화는 반드시 필요한 과정이었다.

기존 임차인의 계약이 만료되는 시점을 기준으로 하나씩 월세화를 시작했다. 전세를 월세화해야 했기에 어떻게든 은행을 활용해 목돈을 마련해야 했다. 여러 방법을 고민한 끝에 아파트 담보 사업자 대출, 신탁 등기를 활용한 대출, 전세 퇴거 자금 대출 등의 방법으로 3년의 시간을 들여 다가구주택의 전세를 모두 월세화할 수 있었다.

사실 다가구주택의 월세화만큼 힘들었던 것은 노후 시설 관리 문제였다. 1990년대에 지어진 건축물이다 보니 날씨에 취약할 수밖에 없었다. 폭우, 폭염, 한파 등이 생기면 꼭 건물 어딘가가 말썽을 일으켰는데 그때마다 사고 원인 파악부터 해결까지 보통 일이 아니었다. 건물 가치를 올려 매도하기 위해 월세로 수익을 내는 동시에 어느 정도 건물 상태를 정리한 이후 건물 매도 계획을 짜기로 했다.

─────• **부동산 규제 정책의 시작**

노력과 정성을 들여 건물 관리를 하고 월세 양성화를 위해 힘써오는 기간 동안, 부동산 시장에서는 다양한 정책 변화가 일어나기 시작했다. 2017년도부터 규제 요소들이 하나둘 더해졌다.

집값을 잡겠다는 정책 의도와 달리 새로운 규제안이 나올수록 시장은 점점 가열되기 시작했고, 부동산 가격은 급속도의 오름세를 보였다. 눈 깜짝할 새 서울 전 지역은 투기과열지구가 되어 있었다. LTV(주택담보대출비율), DTI(총부채상환비율) 조건이 강화되자 대출은 점점 어려워지기 시작했다. 다주택자들의 경우, 세금 중과 부담도 한층 커졌다.

바뀐 정책을 따라가다 보니 4평짜리 오피스텔도 보유 주택 수에 포함되어 있었다. 집 한 채를 제외하면 모두 '세금 폭탄'을 맞이해야 하는 상황이 도래했다. 한 채의 집을 소유한 임대인이 다른 한 채를 더 사려면, 일시적 1가구 2주택이 아닌 이상 매매가의 8%에 해당하는 취득세를 내야 했다. 집이 두 채 있는 경우에 한 채를 팔면 양도세 중과 세율이 20%나 더해졌다(조정대상지역에 있는 주택 양도 시). 이러다 보니 서울에 오피스텔 3채, 다가구주택 1채, 아파트 1채를 보유한 상황이 마냥 좋은 것은 아니었다.

정책의 변화에 맞게 미리미리 준비를 해야 했지만, 사업과 겸하다 보니 대응 속도가 느릴 수밖에 없었다. 단위가 높은 부동산을 매매하는 것과 물건을 사고파는 건 다른 문제이기도 했다. 다가구주택 양성화 등 원래 목표하던 과업에도 시간이 필요했다. 어느 정도 정리가 되어야 매도를 할 수 있는데 규제가 무섭다고 중간에 팔기에도 애매한 상황이었다. 그사이 눈만 떴다 하면 새로운 부동산 정책이 쏟아져 나왔다.

—• 부동산 정리에도 전략이 필요하다

어느 정도 가게를 정리하면서 다가구주택 월세 양성화를
마친 2020년도 봄이 되어서야 부동산 매도 계획을 세울 수 있었다.
최대한 세금을 덜 내는 방법으로 계획을 짜기 시작했다. 전략이라고
거창하게 이름 붙일 만한 내용은 아니고, 시세 차익이 적은 순으로
순차적 매도를 하는 것이었다.

부동산 정리 순서

① 오피스텔 3채 매도(다소 손해를 봐도 좋다고 생각함)
　　양도세 중과 세율 30%

② 다가구주택 매도
　　양도세 중과 세율 20%

③ 1주택이 된 지, 2년 후 마포 아파트 매도하기
　　비과세 혜택(단, 12억 구간까지만)

---

① 다가구주택 매도

보유 주택 중 가장 매도가 오래 걸릴 것 같은 다가구주택을 먼저 부동산에 내놓았다. 2020년 가을이었다. 평당 2,800만 원에 구입했던 매수 가격을 고려해 매도 시세를 확인해야 했다. 신촌이라 위치별 토지 단가 차이가 컸지만, 안정적인 월세 수익이 나온다는 이점을 감안해 평당 4천만 원에 내놓기로 했다. 토지가 34평이었기에 내가 내놓은 매도 가격은 13억 6천만 원이었다. 이 가격으로 월세 수익률을 계산해보니 4% 정도가 나왔다.

비슷한 기간 동안 2배 이상 오른 서울 아파트에 비하면 토지의 경우 시세 차익이 훨씬 적었다. 평당 단가는 매수자 마음대로 정할 수 있으나 매도가 목적이었기에 새로운 매수자에게도 매력적인 금액이어야 했다. 매수자 입장에서는 수익률 3%와 4%는 차이가 크게 느껴지니 말이다. 이런 지점들을 감안해봤을 때 평당 4천만 원이 적당하겠다는 판단이 들었다.

다행히 매물을 내놓은 지 2달이 채 되지 않은 2020년 말, 계약이 성사됐다. 지방에 땅을 가지고 있던 여성 분이었다. 땅이 개발되면서 큰돈을 벌었는데 월세를 받으며 본인이 살 만한 건물을 찾던 차에 공인중개사 사무소를 통해 추천을 받았다고 했다. 마침 지하 1층이 비어 있었는데 그분이 사용하기로 하면서 자연스레 공실 문제도 해결되었다. 그분은 나처럼 은행에서 대출을 받을 필요도 없었다.

월 400여만 원의 안정적인 월세 수익과 거주 안정성 모두를 누리게 된 것이다.

2020년 말에 계약했지만 잔금은 토지 보상금이 들어오는 2021년 7월에 진행하기로 했다. 생각보다 빠르게 다가구주택 매도가 성사되어서 어안이 벙벙했다. 2015년부터 고생스럽게 하나하나 가꿔온 건물이 다른 사람 손에 들어간다니 서운한 마음도 들었다. 하지만 한편으로 비가 와도 눈이 와도 이제는 마음 편히 잘 수 있다는 생각에 후련하기도 했다.

	기존	변경	비고
다가구주택 수익 구조	지하 1층 (약 12평) 전세 1억 3천만 원	공실	보증금 3,500만 원 월세 408만 원 ▶ 수익률 약 4% (매도 가격 기준)
	1층 (약 20평) 전세 2억 2,500만 원	월세 1천만 원/105만 원	
	2층 (약 20평) 전세 1억 5천만 원	월세 1천만 원/154만 원	
	3층 (약 20평) 전세 2억	월세 1천만 원/105만 원	
	상업 공간(극장)	월세 500만 원/44만 원	

▲ 다가구주택은 월세화 후 수익률을 4%에 맞춰 매도했다. 신규 매수자에게 매력적인 조건으로 맞췄다.

② 오피스텔 매도

생각보다 수월하게 다가구주택 매도 계약을 맺었지만, 다음 걱정이 찾아왔다. 바로 오피스텔 3채를 매도해야 한다는 것. 양도세 중과 세율을 줄이기 위해 매도 시점을 다가구주택보다 앞서 잡아야 했다. 시세 차익이 적은 순으로 팔아야 양도세 폭탄을 조금이라도 줄일 수 있어서다. 3주택 이상이라면 양도세 중과율이 30%, 2주택 이상이면 20%이니 순서를 잘 짜야 했다.

하지만 거주용으로 사용되는 오피스텔 3채를 산다는 건 4평짜리 집 3채가 생긴다는 뜻이었다. 이를 누가 사갈지 걱정이 앞섰다. 전세 보증금을 낸 임차인이 사는 곳이라 중간에 업무용으로 바꾸기에도 시기가 맞지 않았다. 시간은 점점 흘러갔고 아이디어는 쉽게 떠오르지 않았다. 부동산에 연락을 해봐도 쉽지 않을 거란 대답뿐이었다.

그러다 문득 예전에 오피스텔 1채를 사갔던 매수인이 생각났다. 그때도 지금도 매도한 오피스텔을 가장 많이 보유하고 있는 임대인이었다. 당시 그분이 8,500만 원에 매수하셨던 게 갑자기 떠올랐다. 그분께 전화를 드려 남은 오피스텔 3채도 사시면 어떻겠느냐고 제안을 드렸다. 3채 모두 전세 보증금이 1억 원씩 있고, 추가 비용 없이 그대로 넘겨받으면 좋겠다고 말이다.

하지만 다소 시큰둥한 반응이 되돌아왔다. 오피스텔 한 채당 1억 원이 비싸다는 것이었다. 3년 전 8,500만 원에 거래가 되었던 걸 생각하면 그리 비싼 금액은 아니라고 설득해보았다. 그리고 전세 1억 원을 받을 수 있다는 건 그만큼 시세가 올라간 게 아니겠냐고도 이야기해보았다. 상대방은 좀 더 생각해보겠다는 답변만 한 후 전화를 끊었다.

이후 몇 번 더 연락을 드렸지만 비싸다, 좀 더 생각해보겠다는 피드백이 반복됐다. 그렇게 시간은 흘러갔고 다가구주택 잔금일은 어느새 코앞으로 다가왔다. 가만있으면 안 되겠다 싶어 오피스텔 전세 거래를 가장 많이 도와주던 공인중개사 사무소 사장님께 도움을 청했다. 빨리 넘겼으면 하는데 그분 좀 제발 설득해달라고 말이다.

상황을 들은 사장님께서는 적극적으로 중재를 시작했다. 협의 끝에 한 채당 9천만 원에 거래를 진행하기로 했다. 6,500만 원에 구입했으니 총 7,500만 원(1채당 2,500만 원×3채)의 수익을 낸 셈이다. 하지만 전세 보증금 1억 원을 주어야 했기에 잔금을 치를 때 오히려 내가 3천만 원을 돌려줘야 하는 상황이었다. 수익은 났지만 돈을 돌려주는 입장이 되다 보니 뭔가 손해를 본 기분이었다.

하지만 중개인을 통해 꼭 처분해야 했던 부동산을 정리하니 마음이 너무 후련했다. 오피스텔이 매매되지 않았을 경우, 부동산 법인을 설립해 다시 오피스텔 매입을 해야 하나 고민하던 차였다. 하지만 그 역시도 세금 부담이 만만치 않았다. 법무사부터 세무사, 회계사까지 모두 그 방법을 반대했고, 최대한 싸게 팔더라도, 심지어 손해를 보더라도 무조건 넘겨야 한다는 조언을 받았다.

결국 다가구주택 잔금을 치르기 4일 전, 오피스텔 매도를 완료했다. 그리고 4일 후 다가구주택 잔금을 치렀다. 그렇게 2021년 7월에 오피스텔과 다가구주택까지 3개의 큰 축을 담당하던 부동산 중 2개를 정리했다. 보유했던 부동산을 처분한 금액이 입금된 통장을 확인하니 총 10억 원이 넘는 현금 수익을 운용할 수 있게 되었다. 현금 10억 이상이 수중에 있다니… 뭔가 비현실적인 기분이었다.

물론 이 금액은 양도세를 내기 전 기준이다. 양도세는 잔금을 치르는 월 기준 2개월 차 말일까지만 신고하면 되었다. 7월 중순에 잔금을 치렀으면 2개월 차 말일인 9월 30일까지 신고하면 되는 것이다. 세무사를 통해 양도세 신청을 마무리한 결과, 오피스텔 3채 매도에 대한 양도소득세 금액이 약 3천만 원, 다가구주택에 대한 양도소득세 금액이 약 1억 2천만 원 정도였다.

매도 시기를 기준으로 오피스텔의 경우 3주택 이상에 해당하는 중과 세율 30%가 적용되었다. 다가구주택의 경우 오피스텔 매도 이후 팔았기에 2주택 이상에 해당하는 중과 세율 20%가 적용되었다. 1주택자가 아니라면 아무리 장기보유를 했어도 장기보유특별공제 혜택을 받을 수 없었다. 참고로 양도소득세는 금액이 클 경우, 2번에 나눠 낼 수 있다.

	기존	남은 금액	비고
부동산 매도 및 기타 자산	오피스텔 3채 각 9천만 원에 매도	- 3천만 원	오피스텔 전세 1억 원에 임대 중 이었기에, 매도 시 3천만 원을 돌려줌
	다가구주택 13억 5,500만 원 매도 (500만 원 네고)	7억 5천만 원	
	사업장 정리 금액 (보증금 및 권리금)	6천만 원	다가구주택 대출 5억 7천만 원, 보증금 3,500만 원을 뺀 차액
	부부 누적 소득 및 기타 자금	1억 4천만 원	
	기타 투자 금액	1억 5천만 원	

▲ 2021년 7월 기준, 아파트를 제외한 보유 부동산을 모두 정리하고 나니, 현금성 자산이 10억 원 이상 생겼다.

③ 1주택이 된 지 2년 후인 2023년 여름 이후, 아파트 매도하기

2021년 7월, 드디어 마포 아파트 한 채만 남은 1주택자가 되었다. 아파트의 경우 가장 시세 차익이 크고 환금성이 좋은 부동산이기에 마지막에 정리해야 할 자산이다. 비과세 적용을 받으려면 1주택이 된 시점 이후, 2년이 지나야 하기에 이제는 그 시기를 기다리는 중이다. 그 시기가 끝날 즈음, 다음 부동산 투자를 어떻게 해야 할지 고민이 필요하다.

현실적으로는 평수를 늘리거나(40평대 이상) 신축 대단지 아파트로 이사하는 등의 방법이 있을 것이다. 하지만 지금처럼 부동산 시장이

민감할 땐 2년 뒤 상황을 예측하기가 쉽지 않다. 그래서 일단 나와 남편이 선택한 방법은 2년 뒤 새로운 아파트 매입을 고려하되 마포 아파트를 전세 준 뒤, 다시 월세로 사는 것이다. 오피스텔과 다가구 주택 매도 후 현금화한 금액과 아파트 임차인의 전세 보증금을 보유하며 새로운 투자에 대비하기로 했다.

매도 후 10억 원이 넘는 현금성 자산을 보유한 상태에서 전세 자금을 받는다면 총 13억 원 정도까지 예산을 가용할 수 있었다. 전세로 받은 금액 중 양도세 지급, 아파트 담보대출 상환 후 남은 금액의 합이다. 이 돈으로 주식 등 투자를 통해 자산을 키워가면서 다음 부동산 매수를 위한 시드 머니를 최대한 확보하기로 했다.

마포 아파트를 전세로 내놓은 지 3~4개월 후 우리는 새로운 임차인과 계약을 하게 되었다. 계약 후 우리는 월세 거주를 위한 아파트를 찾고자 다시 임장을 다니기 시작했다. 남편 직장인 여의도로의 교통이 편한 곳을 염두에 두고, 가장 적합한 단지를 선택해 다시 아파트에서 월세 거주를 시작했다. 그렇게 2021년 9월, 우리는 다음 투자 준비를 위한 자산 세팅을 새롭게 시작했다.

물론 2년 후 예산과 조건이 맞아야 신규 부동산 매수 또한 가능할 것이다. 만약 2년 뒤, 예산이 부족하다면 임차인 퇴거 후 마포 아파트에 다시 들어가 살거나 월세 연장 등을 옵션으로 선택할 수도 있다. 1주택이 된 시점에서 2년 후 마포 아파트를 매도해야 비과세 혜택을 받지만, 만일 새로운 아파트 등 주택을 구입할 경우 일시적 1가구 2주택 혜택을 적용받을 수도 있다. 다음 기회를 잡기 위해서는 처음 부동산 공부를 시작했을 때처럼 0에서부터 새롭게 단계를 밟아가며 적절한 타이밍을 기다려야 한다.

Tip

부동산 공부에 도움이 되었던 책들

부동산 매매에는 큰돈이 들어간다. 오죽하면 '인생 최대 쇼핑'이라는 말까지 있을까? 그만큼 따져볼 것도, 세워야 할 기준도 많다. 다음은 내가 부동산 공부를 하며 인상 깊게 읽고 도움을 받은 책들이다.

1. 《집값의 거짓말》 (김원장, 해냄, 2020)

기자의 시선으로 바라본 부동산 현상에 대해 팩트를 기반으로 조목조목 잘 정리한 책이다. 집값이 올라가는 이유는 사람들의 심리 때문이라는 저자의 시선도 흥미롭다. 올라가는 집값을 보니 지금이 아니면 못 살 것 같은 조급한 마음, 비슷한 시기에 집을 산 친구는 부자가 됐는데 상대적으로 나는 그렇지 못하다는 박탈감⋯ 이런 심리가 매수에 절대적인 영향을 끼친다고 한다. 사람들이 생각하는 부동산의 고정관념에 대해 신선한 분석이 담겼다.

2. 《전세가를 알면 부동산 투자가 보인다》

(이현철, 매일경제신문사, 2018)

현직 공인중개사의 부동산 투자에 관한 실용적인 이야기를 담았다. 전 세계에서 유례가 없는 전세 및 선분양 제도를 운영 중인 대한민국 부동산에 관한 주요 정보들을 쉽고 친절하게 알려준다.

3. 《월급쟁이 부자로 은퇴하라》 (너나위, 알에이치코리아, 2019)

직장을 다니다 퇴사한 전업 투자자 너나위가 쓴 책. 아파트 갭투자로 자산을 증식하게 된 이야기를 구체적인 매수 사례를 통해 알려준다. 저자가 직장인 시절 느낀 고민부터 퇴사를 하기까지의 경험담을 읽으며 나 역시 다양한 인사이트를 얻을 수 있었다.

4. 《정부가 집값을 안 잡는 이유》 (윤세경, 이레퍼블리싱, 2020)

현 정부의 부동산 정책을 반대하는 입장이라면, 논객 '삼호어묵'이 쓴 이 책을 보면서 큰 공감을 할 것이다. 일부 정책에 대해 잘못 해석한 부분도 있고, 팩트에 어긋나는 부분도 있지만, 부동산을 바라보는 지금 대한민국 사람들의 마음을 솔직하게 엿볼 수 있다.

* 최신 부동산 트렌드나 세금 이슈 등의 정책을 확인할 때는 유튜브 채널이 도움될 것이다. 우리 부부는 '부동산 읽어주는 남자' 채널을 즐겨 보는 편이다.

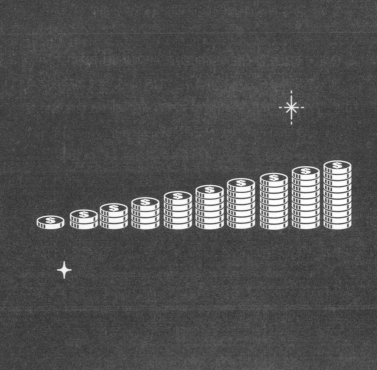

PART 4

돈의 흐름에 올라타다
_자본소득 2

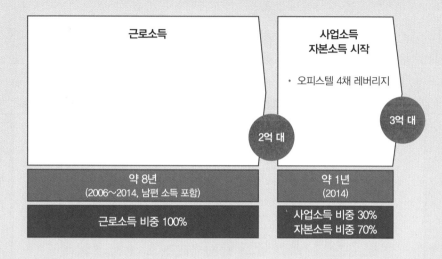

자산의 규모 : 누적 자산 기준

근로소득	사업소득 자본소득 시작 • 오피스텔 4채 레버리지
	3억 대
2억 대	
약 8년 (2006~2014, 남편 소득 포함)	약 1년 (2014)
근로소득 비중 100%	사업소득 비중 30% 자본소득 비중 70%

부동산 매도 후 새로운 투자처가 필요해진 시점에 나는 자연스레 유동성 자산(주식) 투자를 시작했다. 부동산처럼 주식 역시 나만의 투자 원칙을 통해 포트폴리오를 만드는 게 중요했다. 더 이상 직장인 시절처럼 '카더라 통신'에 의지해 투자할 수는 없었다. 보다 제대로 된 원칙과 안목을 가지고 자산을 운영해야 했다. 예전에 비해 투자할 자산이 10배로 커진 만큼 자산을 안전하게 키워가야 해서다. 남들이 좋다는 종목을 따라 사는 게 아니라 나만의 기준을 가지고 선택한 기업에 투자해야 했다.

MTS(모바일 트레이딩 시스템), HTS(홈 트레이딩 시스템) 등 거래 방식은 쉬워졌지만, 나만의 기준을 정하는 건 생각보다 어려웠다. '어느 기업에 투자할

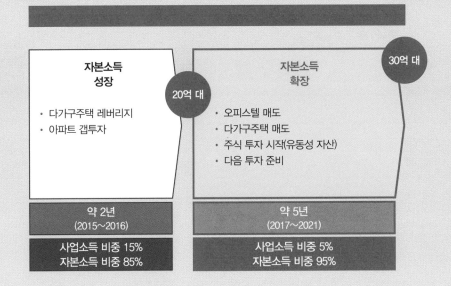

**자본소득
성장**

20억 대

- 다가구주택 레버리지
- 아파트 갭투자

**자본소득
확장**

30억 대

- 오피스텔 매도
- 다가구주택 매도
- 주식 투자 시작(유동성 자산)
- 다음 투자 준비

약 2년 (2015~2016)	약 5년 (2017~2021)
사업소득 비중 15% 자본소득 비중 85%	사업소득 비중 5% 자본소득 비중 95%

까?', '매도 타이밍은 언제일까?', '왜 전문가들은 지금이 매수 타이밍이라는 걸까?' 등 답을 내려야 하는 너무나 많은 질문 앞에서 선택 장애가 찾아왔다. 하지만 좌충우돌하는 과정을 거치며 하나씩 배워가다 보니 어느덧 나름의 포트폴리오를 구축한 3년 차 주식 투자자가 되어 있었다.

어떤 투자든 마찬가지지만, 주식 역시 제대로 투자하기 위해서는 상당한 공부와 실전 경험이 중요했다. '뭐가 좋다더라. 요즘 이 종목이 대세라더라' 하는 말에 휘둘리면 안 된다. 누구보다 치열하게 공부하며 투자의 묘미를 이제는 조금 알게 된 3년 차 주식 투자자의 성장 과정과 노하우를 보며 초심자의 팁을 얻길 바란다.

유동성 자산에 투자하기

────• **주식 시장에 뛰어들다**

사업장 정리 및 부동산 매도를 결심한 시점부터 나는 경제와 주식에 대해 관심을 가지기 시작했다. 대출 조건 강화 같은 각종 규제 정책 등으로 부동산 투자는 당분간 불가능했기 때문이다. 물론 업무용 오피스텔이나 지식산업센터 등 투자해볼 수 있는 분야들이 있었으나 지금 타이밍에 들어가는 것은 (부동산 시장 과열로 인한 매매가 급등 및 팬데믹으로 인한 공실 관리 문제 등으로) 위험하다고 생각했다. 다른 투자 방식을 찾아야 했다. 새로운 투자처를 물색하던 내게 남편은 주식을 권유했다.

내가 본격적으로 주식에 관심을 가진 시기는 2020년 3월로, 코로나19 팬데믹 영향으로 급격히 떨어졌던 주가가 생각보다 일찍 회복세에 접어든 때였다. 이후 국가별 양적 완화를 하고 시중에 풀린 돈들이 몰리면서 주식시장은 줄곧 과열 양상을 띠었다. 당시는 대체로 상승장이었던 시기라 주식 투자 경험이 부족하더라도 웬만한 종목에 투자를 한 사람이라면 생각 이상의 수익을 얻을 수 있었다. 상황들을 살피다가 2020년 초여름, 드디어 생애 첫 주식 계좌 개설을 결심했다.

사실 주식 투자는 나보다 남편이 먼저 시작했다(2019년 초). 한참 주식 투자를 하던 시절 남편은 내게 나스닥이 어쩌고 엔터 주식이 어쩌고 하면서 투자 상황을 알려주곤 했는데 주식 투자에 아무런 지식이 없던 나는 그 말들을 시큰둥하게 흘려들었다. 뭘 알아야 반응을 해줄 텐데, 지식이 전무하니 맞장구를 쳐줄 수가 없었다. 하지만 서당 개 3년이면 풍월을 읊는 법. 남편을 통해 간접적으로 듣는 정보들이 쌓이다 보니 나 역시 2020년 초에는 어느 종목이 대세고, 수익률이 좋은지에 대한 정보를 차츰 알아가기 시작했다.

그러던 어느 날, 뜬금없이 남편이 더 이상 주식을 하지 않겠다고 선언했다. 코로나19 팬데믹으로 인한 하락세 이후 적절한 매수 타이밍을 기다리고 있었는데, 예상보다 주가가 빨리 회복되면서 그 시기를 놓쳤다는 이유에서다. 이어서 남편은 하락장에서 수익을 내도록 설계된 주식 상품인 인버스inverse에 투자했으나 이 역시 타이밍이 맞지 않았다. 시장의 흐름이 자신의 예측과 다른 방향으로 갈 때마다 멘탈 관리에 어려움을 느낀 남편은 주식에서 손을 떼겠다고 결심했다. 주식에 신경 쓸 시간에 책을 보거나 다른 생산적인 활동을 하는 게 낫겠다고 판단한 것이다.

남편이 주식과의 손절을 외친 후, 내가 공부를 제대로 해서 주식 시장에 진입하기로 했다. 부부 중 적어도 한 명은 금융 시장에 관심을 가지고 지속적인 투자를 해야 한다고 생각해서다. 나의 주식 투자 선언에 남편은 은근히 기뻐하며 자신이 공부해온 책을 하나씩 읽어보라며 숙제를 주기 시작했다.

──● 나의 주식 투자 첫 스승, 로버트 기요사키

나의 주식 공부 입문서는 로버트 기요사키의 《부자 아빠 가난한 아빠》다. 이 책을 읽고 나자 지금까지 감으로 해왔던 투자에 대해 뿌리부터 생각이 달라지기 시작했다. 책에는 두 명의 아버지가 등장한다. 한 명은 근로소득이 최우선이라고 생각하는, '가난한 아빠'로 대변되는 기요사키 본인의 친부다. 다른 한 명은 자본소득 달성의 중요함을 일깨워준, '부자 아빠'로 대변되는 친구의 아버지다. 기요사키는 친구의 아버지를 통해 자본소득의 중요성을 깨닫고 성인이 된 후 막대한 부를 얻게 된다.

특히 소름 끼치게 공감했던 부분은 나 역시 기요사키의 친부인 가난한 아빠처럼 살아왔다는 사실이다. '가난한 아빠'는 근로소득으로 정직하게 부를 축적하는 게 최고라고 생각한다. 과거의 나도 '가난한 아빠'와 같은 가치관을 갖고 살았다. 공부를 잘해 좋은 대학에 가고, 대기업에 취직해야 하며, 최선을 다해 회사생활을 하면서, 꼬박꼬박 들어오는 월급을 모아 꾸려가는 삶을 최선이라고 생각했으니까.

물론 이후에 가게를 운영하며 사업소득을 경험하고, 부동산 매매를 통해 자본소득의 대단함과 중요성을 알게 되었지만, 그때까지 나의 경제에 대한 지식수준은 여전히 '가난한 아빠'와 크게 다를 게 없었다. 친구의 아버지를 통해 경제관념을 제대로 배우게 된 기요사키가 한 말 중 내가 가장 공감했던 구절이 있다. '부자들은 돈을 위해 일하지 않는다. 돈이 나를 위해 일하게 한다.'

기요사키에 따르면 사업소득도 크게 두 가지 범위로 나뉜다. 개인의 능력으로 운영되는 자영업자의 세계와 시스템을 통해 돌아가는 법인 사업체가 그것이다. 같은 사업이라고 해도 두 경우는 돈의 흐름에서 명백히 차이가 난다. 즉, 내가 없어도 돈이 벌리는 시스템을 만들지 못한다면, 개인의 노동력과 시간을 들여야만 매출이 나오는 자영업자에서 벗어날 수 없다. 나 역시 가게 운영을 통해 사업소득을 얻긴 했지만, 나의 노동력과 시간을 투입해야 매출이 발생했다는 점에서 자영업자 영역에 머물러 있었다. 소득 구조만 놓고 보면, 나는 돈을 위해 일하는 사람에 가까웠다. 창업을 하긴 했지만, 돈이 나를 위해 일하는 사업 시스템은 만들지 못했던 것이다.

기요사키의 책은 나의 지출 개념 또한 완전히 바꿔놓았다. '가난한 아빠'는 버는 족족 대출과 생활비를 충당하느라 늘 돈이 부족했다. 하지만 '부자 아빠'는 소득에서 투자 비용을 늘 먼저 제한 후 지출했다. 투자가 우선이다 보니 돈을 사용하는 방법과 순서 자체가 달랐다. 나 역시 부동산 투자를 적극적으로 했지만, 일정하지 않던 사업소득을 보완하기 위한 대비책이었을 뿐, 지출에 대한 뚜렷한 기준과 가치관을 세우고 했던 투자는 아니었다.

돈에 대한 관념이 근본적으로 바뀌니 투자에 임하는 자세 역시 달라졌다. 매출과 지출 계산에 집착하지 말고 '투자가 우선인 포트폴리오'를 만들어야 함을 깨달았다. 부동산을 포함한 자산 비중도 효율적으로 관리할 필요가 있었다. 기요사키는 본격적인 주식 투자에 앞서 돈을 대하는 마음과 투자자로서의 기본자세를 다지는 데 엄청난 깨달음을 준, 내 주식 투자 인생의 첫 번째 스승이었다.

──• 두 번째 스승, '월가의 영웅'을 만나다

투자자로서 마음을 새롭게 다졌으니, 이제 실전 주식 투자 방법을 배워야 했다. 나의 두 번째 스승도 역시 남편의 추천 덕에 만날 수 있었다. 바로 전 세계적인 명성을 가진 투자자 피터 린치의 《전설로 떠나는 월가의 영웅》이다. 두툼한 책 두께에 압박감을 느꼈지만, 예상과 달리 첫 페이지를 펼친 순간부터 마지막 페이지까지 쉬지 않고 흥미롭게 읽었다.

이 책은 피터 린치가 개인 투자자들을 위해 1989년에 집필한 책이다. 월가에서 투자의 귀재로 승승장구했던 그는 성장주 중심의 가치 투자를 지향하는 것으로 유명했다. 그리고 늘 호기심을 가지며 새로운 기업을 찾고자 노력했다. 실제로 그는 부인과 딸이 열광하는 생활 브랜드를 보면 지나치지 않고 그 기업을 연구한 후 투자를 감행하기도 했다.

그가 언급한 이야기 중 인상적이었던 부분은 전문 투자자보다 개인 투자자가 투자하기에 더 좋은 조건을 갖추고 있다는 지점이었다. 개인이 더 높은 수익을 낼 수 있다고도 독려했다. 전문 투자자들은 포트폴리오를 구성할 때 의외로 많은 제약을 받을 수 있으며, 오히려 일반 투자자가 소비자의 눈으로 투자할 기업(브랜드)을 더 자유롭게 선택할 수 있다고 했다. 기존 방식에 구애받지 않는, 창의적인 관점의 투자가 가능하다는 것이다.

《전설로 떠나는 월가의 영웅》은 다양한 기업 사례도 소개한다. 다만 1989년에 집필한 책이라 예전 사례들이 중심일 수밖에 없다. 따라서 이 책은 피터 린치라는 투자자의 가치관과 그 가치관을 토대로 한 투자의 성공 사례, 투자의 기초 지식을 쌓는 교과서라 생각하고 읽어야 한다. 피터 린치의 책을 읽은 후, 내가 좋아하는 브랜드와 기업은 무엇일지 돌아보게 되었다. 또 내가 잘 아는 산업 분야는 무엇일까에 대해서도 생각하게 되었다. 《전설로 떠나는 월가의 영웅》과의 만남은 투자는 왜 해야 하며, 어느 기업에 투자하면 좋을지 등 본격적인 투자에 앞서 나만의 기준을 정리해볼 수 있는 계기가 되었다.

초보 투자자를 위한 투자 플로우 세팅 노하우

[1단계] 투자를 해야 하는 이유를 점검해보자

[투자를 해야 하는 기본적인 이유]
- 현금 가치가 계속 하락하고 있다.
- 통장에 현금을 넣어두면 안 된다. 투자를 통해 자산 가치를 상승시켜야 한다.
- 물가 상승률 등 실물 경제 속도보다 자산 상승의 속도가 더 빠르다.

[단, 시기별 이슈를 고려해야 함]
- 2020년 초 팬데믹 이후 양적 완화(=돈 풀기)를 가속하고 있다. (자산 가치가 빠르게 상승하는 시기이니 좀 더 과감한 투자자가 되어본다.)
- 2022년부터 본격적인 테이퍼링(양적 완화 정책의 규모를 점진적으로 축소해나가는 것) 및 금리 인상을 감행할 예정이다. (하락장을 대비해 일정 금액 이상 현금을 보유한다.)

[2단계] 투자의 목적을 정해보자

- '장기 투자'를 한다.
  → 무작정 장기 보유하는 개념이 아닌, 오랜 시간 투자 활동을 해야 함을 의미

- '가치 투자'를 한다.

  → 꾸준히 우상향 할 수 있는, 실적이 좋은 기업에 투자하기
- '분산 투자'를 한다.

  → 여러 분야(주식, 암호 화폐, US달러, 현금 등)에 나눠 투자해 하락에 대비해 방어하기

[3단계] 전체 자산 포트폴리오를 구성하자

- 부동산과 현금성 자산의 비중을 정한다.

  → 나의 경우는 '부동산 6.5 : 현금성 자산 3.5' 비율로 세팅했다.
- 현금성 자산을 다시 재분류한다.

  → 주식, 암호 화폐, US달러, 현금(입출금 통장) 등
- 각 현금성 자산의 비중을 정한다.

  → 해외 주식 5 : 현금(입출금 통장) 3.5 : 국내 주식 1 : 암호 화폐 및 US달러 0.5

[4단계] 투자할 종목 설정은 다음의 기준을 참고해 구체화해보자

(초보일수록 기업별로 어떤 장점이 있는지 최대한 기록하는 게 좋다.)

- 내가 좋아하고 신뢰하는 브랜드에 투자한다.
- 기업의 혁신과 철학에 깊이 공감해야 한다.
- 주변에서 추천하는 브랜드가 있다면 타당한지 검토해본다.

- 초보자가 비교적 시작하기 쉬운 미국 기업 및 종목에 투자한다.
- 주식 1주당 감당할 수 있는 규모의 금액으로 투자를 시작해본다.

[※ 실제로 내가 초기에 투자를 결심한 종목과 그 이유]
- 애플: 독보적인 브랜드 충성도를 가지고 있는 기업. 혁신의 아이콘.
- 월트디즈니: 세계적으로 가장 강력한 콘텐츠(캐릭터 저작권) 왕국. (픽사, 스타워즈, 마블 등 브랜드를 모두 월트디즈니가 인수함)
- 마이크로소프트: 가장 오랜 기간 시가총액 상위권을 달성하고 있는 기업. B2B 비즈니스 및 클라우드 등 미래 사업에 대한 방향도 인상적.
- QQQ/SPY: 나스닥/S&P 500 지수*에 투자하는 상품. 꾸준히 우상향하는 종목.
  * '나스닥'은 '주요 벤처기업들이 상장되어 있는 미국의 장외 증권 시장'이고, 'S&P 500 지수'는 국제신용평가기관인 미국의 스탠더드 앤 푸어S&P가 작성한 주가지수다.

애플의 경우, 2020년 초여름 당시 주식 분할 전이라 1주당 350달러가 넘었기에 주식 투자를 막 시작한 초반에는 구매하기가 다소 부담스러웠다. 주당 1천 달러가 훌쩍 넘는 구글과 아마존은 손이 떨려 처다보지도 못했다. 주식 투자 초기에는 주당 100달러 정도까지를 기준으로 조금씩 매수를 하면서 상승과 하락에 대한 흐름을 익혀갔다. 이후 시장의 흐름을 어느 정도 익히고 나서야 금액대가 높은 주식도 매수할 수 있게 되었다.

< Stage 6-2 >

주식 초보자를 위한 투자법: 나의 주식 투자 3단계

실전 투자를 갓 시작한 주식 초보자로서 가장 큰 고민은 다음의 두 가지였다. '과연 몇 개의 종목을 보유해야 적당한가?', '언제 매도를 해야 하는가?' 답을 찾기 위해 여러 투자자의 이야기를 찾아봤지만 저마다 의견이 달라 이렇다 할 솔루션을 찾기 어려웠다.

결국 주식도 사업처럼 나에게 어울리는 종목과 원하는 방향을 정교하게 세팅해야 했다. 여러 경험자의 이야기를 듣되 그것들은 참고로 삼고, '나에게' 최적화된 원칙과 포트폴리오를 만들어야 한다. '왜 이 종목을 선택했는가?', '전체 투자 금액에서 어느 정도 비중을 둬야 하나?'를 스스로 결정해나가야 했다.

주식 투자를 시작하고 서너 달 정도는 주변에서 추천하는, 혹은 내가 투자해보고 싶었던 종목을 사고팔며 기업을 살펴보는 시간을 가졌다. 동시에 분야별로 다양한 책을 보며 공부하는 과정을 병행했다. 이후 국가, 기업, 비중 등을 고려해가며 투자 금액을 늘려갔다.

──• [1단계] 미국 시장에 집중 투자하다
(2020년 3분기, 투자 규모 1억 원대)

전문 투자자들 사이에서 자주 도는 말이 하나 있다. 초보 투자자는 미국 주식을, 중급 투자자는 국내 주식을, 고수 투자자는 중국 주식에 투자한다는 것. 이 말인즉, 미국 주식 투자가 비교적 쉽다는 의미인데, 직접 투자를 해보니 미국 기업에 투자하는 게 비교적 수월함을 경험적으로 깨달았다.

여러 종목들 가운데에서 미국 주식이 초보 투자자에게 좋은 이유는, 역사가 증명해주는 꾸준한 지수 상승, 전 세계 기축통화인 달러 사용, 분야별 글로벌 1위 기업들의 포진 등 여러 요인이 있다. 게다가 미국 기업들은 주주 친화 정책을 중요하게 생각한다. 주주의 이익을 우선시하다 보니 비교적 안정적인 투자 포트폴리오를 운영할 수 있다.

국내 기업 주식은 수출 의존도가 크고 외부 변수(외인 및 기관 투자자의 수급 요인 등)에 영향을 많이 받는다. 중국 기업 주식은 국가 정책 등 기업 정보 외에 파악해야 할 요소가 너무나 많다. 이런 이유들로 나 역시 지금까지도 미국 주식 위주로 투자를 진행 중이다. 내가 초기에 투자한 주요 기업은 다음과 같다.

2020년 3분기에 투자한 주요 기업 종목

- 애플
- 마이크로소프트
- 월트디즈니
- 구글
- 아마존

중간에 익절(차익을 남기고 매도하는 것)한 종목

- 테슬라(50% 수익 후 2회 익절, 2021년 8월부터 재매수 중)
- 보잉(50% 수익 후 익절)
- TQQQ(나스닥 지수 3배 추종, 50% 수익 후 익절)
- QQQ(나스닥 지수 추종, 30% 수익 후 익절)

(※ 천만 원 이상 투자한 기업 기준)

주식 투자 초기, 미국 기업 중심의 투자를 하며 다음의 두 가지를 정하는 게 중요함을 깨달았다. 바로 '매수 및 매도 타이밍의 기준'과 '나만의 포트폴리오 만들기'다. 투자의 대가들도 그들만의 투자 원칙과 포트폴리오가 있듯, 개인 투자자도 자신만의 투자 원칙과 포트폴리오를 만든다면 어느 정도의 투자 역량을 갖출 수 있으리라고 생각했다.

하지만 나만의 투자 기준을 만든다는 게 처음에는 쉽지 않았다. 사실 매수는 그리 어려운 문제가 아니었다. 투자할 만한 가치가 있다고 판단되면 부담되지 않는 금액으로 소량 매수하면 되기 때문이다. 문제는 매도 시점이었다. 부동산과 마찬가지로 주식 역시 언제 팔아야 할지 정하는 게 쉽지 않았다. 무조건 오래 가지고 있는 것도 답이 아니었기에 매도 시점에 대한 기준을 정해야 했다.

내가 세운 주식 매도의 기준

- 장기 투자를 하며 지켜볼 기업

   → 수익률 50%가 나면, 매도 후 리밸런싱(포트폴리오의 배분 비중을 조정하면서, 사전에 설정한 자산의 비중을 유지하는 것) 한다.

- 3개월 전후로 단기 투자를 하며 지켜볼 기업

   → 수익률 10~20% 구간이면, 판단 후 매도한다.

이처럼 기준을 정했지만 눈앞에서 올라가는 숫자를 보며 매도 버튼을 누른다는 게 쉽지는 않았다. 가장 큰 이유는 기대감 때문이었다. 내가 세운 기준 수익률을 달성하고도 '내일 더 오르진 않을까?', '5%만 수익을 더 내볼까?' 싶은 욕심에 매도 결정이 어려웠다. 단기 투자도 마찬가지였다. 두 자릿수 %의 이익을 내고도 '에이, 고작 이거 벌려고 투자한 거였어? 좀 더 지켜볼까?' 하는 마음이 생기곤 했다.

나의 경우, 50% 이상 수익이 난 기업 중 4번을 익절(테슬라 2회, 보잉 1회, TQQQ 1회)했지만, 기대 수익률 달성 후 계속 보유 중인 기업도 있다(구글). 욕심을 부리다 다시 수익률이 제로가 된 상황도 겪어봤다(월트디즈니, 수익률 50%를 달성했으나 현재 수익률은 1%). 이처럼 내가 세운 기준을 철저하게 지키고 싶었지만, 그 기준을 지키지 못할 때도 발생했다. 주식 시장에 존재하는 많은 변동성 중 '내 마음과의 싸움'은 가장 변동성이 큰 영역이었다. '주식은 심리 게임'이라는 말이 그래서 나오는 게 아닐까.

10% 이상 단기 투자 수익이 난 경우에도 약속을 지키자며 매도했지만, 다음 날 급등하는 경우가 종종 있었다. 특히 국내 코스닥(국내의 유망 중소·벤처기업들을 위한 증권 시장) 상장 기업들(에스제이그룹/국도화학)이 그랬다. 매도 후 다음 날 5% 이상 급등하는 주가를 보면 아찔한 기분이 들었다. 내가 매도 버튼을 눌렀으니 잊어버리자 싶어도

잘 잊히지 않았다.

경험해보니 주식은 원칙을 정해도 매번 마음의 문제로 그 기준이 흔들릴 수밖에 없는 투자처였다. 그래서 반복된 훈련과 학습으로 멘탈을 유지하는 게 가장 중요하다. 매수나 매도의 원칙을 만드는 것도 결국은 주가 상승과 하락에 일희일비하지 않기 위함이다. 새로운 기업과 성장성 있는 브랜드는 하루에도 수십 개씩 쏟아져 나온다. 장기 투자를 결심했다면 오늘의 아쉬움을 빨리 잊고 더 좋은 기업에 투자해야 한다.

───● [2단계] 지나친 방어 전략은 피하기로 하다
(2022년 1분기, 투자 규모 6억 원대)

투자 경험이 쌓여 주식시장과 거시경제의 흐름, 기업 정보 등에 대해 지식이 늘어나자 다양한 기업에 투자해보고 싶은 마음이 생겼다. 한편 미국에서 테이퍼링 이슈가 나올 때마다, 국내에서 금리가 오른다는 뉴스를 들을 때마다 더욱 다양한 종목 구성의 필요를 느꼈다.

그렇게 방어할 주식, 오를 만한 주식 등을 매수하며 이런저런 시도를 하다 보니 어느 순간, 종목 수가 말도 안 되게 늘어났다. 2021년

3분기가 되니 관리해야 할 종목이 30개에 이르렀다. 초보 투자자에게는 벅찬 수준이었지만, 분산 투자를 해야 한다고 생각하니 종목은 점점 늘어날 수밖에 없었다. 나의 주식 포트폴리오는 해외 주식의 경우 미국 외에도 일본과 홍콩 주식, 국내 주식은 코스피와 코스닥까지 그 범위가 넓어졌다.

구분	투자 기업	투자 평가 금액(원화)
미국	구글	127,151,514
	아마존	71,151,374
	애플	70,824,375
	마이크로소프트	64,191,885
	월트디즈니	34,337,332
	테슬라	54,167,628
	엔비디아	14,650,801
	TQQQ	16,921,751
홍콩	길리자동차	17,411,040
	텐센트	29,780,582
일본	Z홀딩스	28,190,869

	이엠텍	33,222,000
	동원 F&B	11,670,000
국내	지어소프트	17,385,000
	네이버	10,593,000
	후성	10,148,400

▲ 해외와 국내의 주요 투자 기업(2022년 1월 31일 기준). 볼드체로 강조한 기업은 18개월 이상 투자한 기업이다.

앞의 표는 2022년 1월 말 기준 나의 주요 포트폴리오다. 총 25개 종목에 투자하고 있으며 해외 투자 금액이 약 5억 8천만 원 정도, 국내 투자 금액은 1억 원 정도다. 해외의 경우 총 금액의 90% 이상을 미국 기업에 투자했고, 대부분이 대형 기술주 중심이다. 투자 금액과 기업이 늘어나다 보니 해외 주식과 국내 주식 모두 포트폴리오가 다양해졌다.

① 미국 기술주

구글(알파벳A), 아마존, 애플, 마이크로소프트, 테슬라, 엔비디아 등은 대표적인 미국 대형 기술주 기업이다. 해당 분야의 1등 브랜드이며, 기업의 시가총액 또한 대체로 1천 조가 넘는다. 이외에도 미국 주식 종목들이 더 있지만, 이 다섯 개 기업에 대한 투자 비중이 가장 크다. 투자 금액 총액 또한 약 4억 원 정도로, 전체 주식 투자 금액의 절반이 훌쩍 넘는다.

미국 기술주에 많은 비중을 두어 투자하는 이유는, 압도적인 성장을 기반으로 주가가 꾸준히 우상향 하기 때문이다. 이들 주식은 성장주로 매년 의미 있는 실적을 내고 있으며, 하락도 비교적 빨리 회복하는 성향이 있다. 회복 속도에 대해서는 주관적 차이가 있겠으나 나의 기준으로 보면 그렇다. 또한 미국 주식은 실적을 통한 주가 관리를 중요하게 생각한다(주주 친화적). 가령, 애플의 경우 매년 엄청난 규모의 자사주를 매입하는 것으로 유명하다.

② 주요 홍콩 & 일본주

지적재산권에 흥미가 생겨 게임 회사에 관심을 가진 시기, '텐센트'라는 회사를 알게 되었다. 중국 기업이지만 홍콩 증시에 상장되어 있었고, 세계적으로 유명한 게임 회사를 대주주 또는 자회사로 운용하고 있었다. 중국의 카카오톡 버전인 위챗을 만든 회사이기도 했다. 길리자동차 역시 홍콩 증시에 상장된 중국 자동차 기업이다. 전기차를 생산하는 브랜드로 1등 기업은 아니지만 성장 가능성이 크다고 판단해 투자를 결심했다.

하지만 텐센트와 길리자동차 두 기업 모두 투자 이후 악재를 겪었다. 길리자동차의 경우 실적 부진 및 중국판 나스닥 격인 커촹반 상장 중단, 정부의 전기차 보조금 중단이 이유였다. 텐센트는 플랫폼 기업에 대한 중국 정부의 규제로 주가가 급락했다. 중국의 경우 국가 규제 등 정책이 기업에 영향을 줄 수 있다는 점에서 위험 요소가 크다는 걸 직접 경험한 순간이었다. 다시 한번 중국 주식은 고수의 영역임을 깨달았다.

일본의 경우 야후와 네이버 라인의 합작으로 새롭게 만들어진 Z홀딩스에 최근 투자를 시작했다. 2020년 합작 이슈가 있을 때부터 관심을 가지고 있다가 최근 매수에 들어갔다. Z홀딩스의 대주주는 네이버이며, 대표적인 서비스로 야후 재팬과 일본 라인 등이 있다. 핀테크를 중심으로 시장 선점을 노리고 있는 만큼 더 큰 실적과 성장을 기대하는 중이다.

③ 주요 국내주

코스피에 상장된 국내 테크 기업 중 가장 관심을 가지고 있는 기업은 네이버다. 글로벌 확장 가능성 때문이다. 쇼핑, 콘텐츠, IP 등 다방면에서 잠재적인 글로벌 성장성이 무궁무진하다. 기업의 성장 가능성 대비 PER 수치가 다소 낮다는 것도 주목할 지점이다. PER은 'Price Earning Ratio'의 약자로 '주가수익비율'을 뜻한다. 주가 1주당 수익의 몇 배가 되는지를 나타내는 수치로, PER이 낮을수록 가격 메리트가 있고 높을수록 고평가 되었다고 판단한다.

코스닥 상장 주식의 경우 전자담배 생산으로 성장 가능성을 보여

준 이엠텍과 새벽 배송 브랜드 오아시스를 만든 지어소프트에 투자
했다. 결과적으로는 꽤 괜찮은 수익률을 기록하고 있지만 아무래도
코스닥은 변동성이 크다는 불안 요소가 늘 존재한다. 특히 주가가
올라가면 왜 올라갔는지 떨어지면 왜 그런지 이유를 알기가 어려워
비중 확장을 조심하는 편이다.

── • [3단계] 지수와 기업 투자를 병행하되 최소한의 종목만 투자한다
(2022년도 2분기 이후, 투자 규모 6~7억 원대 예상)

그동안 국내부터 해외까지 다양한 기업에 투자했지만,
2022년 2분기 이후에는 포트폴리오 방향을 변경할 예정이다. 최대
한 종목을 단순화하는 방향으로 가는 게 효율적이라는 판단이 들었
기 때문이다. 결국 꾸준히 우상향 하는 미국 1등 기업 및 지수 투자
가 가장 심플한 투자라는 결론을 내렸다. 구글(알파벳A), 마이크로소
프트, 애플, 테슬라, 아마존, 엔비디아(이상 비중 순서) 등 미국 대형 기
업 주식과 나스닥 및 S&P 500 등 지수에 투자하는 ETF를 추가하는
방향으로 종목을 정리하고 포트폴리오 구성을 계획해보려고 한다
(ETF는 주식과 인덱스펀드가 결합된 펀드로, 펀드를 주식처럼 거래소에 상장시켜 거

래할 수 있게 만든 상품이다). S&P 500 지수 추종 상품은 워런 버핏이 가장 추천하는 종목이기도 한데, 웬만한 개별 종목은 S&P 500 지수의 수익률을 따라가기 어렵다(이 사실을 알면서도 더 큰 수익을 내고 싶은 욕심에 인정하기 어려웠다). 따라서 투자하고 싶은 개별 기업이 딱히 없다면, S&P 등 지수 추종 ETF 하나에만 투자하는 것도 방법일 수 있다.

2022년 2분기 이후 포트폴리오

- 미국 1등 기업

  → 구글, 마이크로소프트, 애플, 테슬라, 아마존, 엔비디아

- 지수 추종 ETF 상품

  → QQQ(나스닥 지수 추종), SPY(S&P 500 지수 추종)

- 그 외 종목은 매도 후 현금 보유

  → 테이퍼링 및 금리 인상 이슈에 대응하기 위해 현금 비중 강화

주식 투자를 시작할 때 도움이 되었던 책들

다음은 내가 주식 공부를 할 때 도움이 되었던 책들이다. 모든 재테크가 그렇지만, 주식 투자 역시 꾸준한 공부가 중요하다. 투자 방식이 궁금한 전문 투자자나 매수하고 싶은 기업에 대해 관심을 갖고 정보를 탐색하는 것도 좋다. 파이어족, 소비 관련 라이프 스타일, 투자 마인드, 돈을 대하는 자세 등 카테고리를 점점 세분화해 가다 보면 자신만의 주식 투자 공부 방식을 찾게 될 것이다.

1. 《주린이가 가장 알고 싶은 최다질문 TOP 77》
(염승환, 메이트북스, 2021)

주식에 관심은 있고 조금씩 사 모으기는 했지만, PER, PBR, ROE, 재무제표, 공매도, 옵션, 선물 등 주식 용어들이 아직은 어렵게만 느껴지고 주식시장이 어떻게 돌아가는지 잘 모르겠다는 분들에게 추천하는 책이다. 주식 투자의 기초 정보들이 쉽고 꼼꼼하게 잘 쓰여 있다.

2. 《전설로 떠나는 월가의 영웅》
(피터 린치 지음, 이건 옮김, 국일증권경제연구소, 2017)

'주식 제대로 해야지! 미국 주식은 필수지!'라고 마음먹은 분들이라면 꼭 읽어야 하는 주식 투자의 기본서. 원서가 오래전 출간되었기에 본문의 사례들이 다소 올드하지만, 피터 린치가 관심을 가지고 매수한 종목과 투자 운용 방법들을 살펴보는 것만으로도 투자의 엄청난 인사이트를 얻을 수 있다.

3. 《주식부자들의 투자수업》
(고이즈미 히데키 지음, 김하경 옮김, 이레미디어, 2020)

증권사에서 커리어를 시작해 현재는 금융전문기자로 활동하는 저자가 워런 버핏, 조지 소로스, 벤저민 그레이엄, 짐 로저스 등 이름만으로도 익숙한 투자의 귀재들의 이야기를 임팩트 있게 정리한 책이다. 피터 린치 외 다른 유명 투자자들에 대한 이야기가 궁금했을 때 읽고 도움을 많이 받았다.

4. 《흔들리지 않는 돈의 법칙》
(토니 로빈슨 지음, 박슬라 옮김, 알에이치코리아, 2018)

세계적인 동기부여 전문가이자 자산가이도 한 토니 로빈슨이 어떻게 하면 자산을 현명하게 관리할 수 있을지에 대한 자신의 생각을 펼친 책이다. 특히 초보자들이 주식을 어떻게 접근하면 좋을지, 어떤 카테고리를 택해야 할지, 마인드 관리는 어찌해야 할지 등 조목조목 쉽게 설명하고 있어 눈높이에 맞는 가이드라인을 얻을 수 있다.

5. 《개미는 왜 실패에도 불구하고 계속 투자하는가?》
(김수현, 민음사, 2021)

논문으로 발표됐던 내용이 인터넷을 통해 화제가 되면서 단행본 출판으로까지 이어진 책이다. 저자가 직접 '로알매매방'이라는 곳에 입성해 주식 투자자들을 관찰하고 인터뷰하면서 분석한 내용들이 알차게 정리되어 있다. 인터뷰이들의 투자 행태를 관찰해 왜 사람들이 돈을 잃으면서도 투자를 멈추지 않는지에 대해 문화인류학 및 사회학적으로 고찰해가는 과정이 흥미진진하다.

리스크 분산:
소득별 자산 분산 운용

자산은 늘리는 것도 중요하지만, 누수가 없도록 잘 관리하는 것도 중요하다. 소득의 파이프라인이 다각화되면 성격이 다른 자산들을 한데 뭉뚱그리지 말고 소득별로 철저히 분리 후 관리해야 한다. 특히 자본소득과 사업소득의 경우, 이 과정이 반드시 필요하다. 소득별 오름세와 내림세 사이클이 다를뿐더러 외부 변수의 영향을 많이 받아서다.

나의 경우 자산별 명확한 분산을 통해 리스크 관리를 꾸준히 한 덕에 비교적 안정적인 자산 관리가 가능했다. 철저하게 소득의 종류를 분리한 후 나와 우리 가족만의 원칙을 세우고 지켜나갔다. 주변에서 사업소득과 자본소득을 동일시하여 좋지 않은 결말을 맞이하는 모습을 종종 봤기 때문이다(사업을 확장하기 위해 집을 담보로 대출을 끌어 쓰다 자산을 날린 사례가 대표적이다). 나 역시 한두 번은 유혹을 이기지 못하고 자본소득 일부를 사업에 재투자한 경험이 있다. 결론적으로 앞으로 '절대 그래서는 안 된다'는 교훈을 분명하게 얻었다. 지금은 아파트를 제외하고 모든 부동산과 공간 사업을 정리한 상태이기는 하지만, 그동안 이 두 소득을 두루 경험하며 어떻게 운용하면 좋을지 나만의 원칙을 세우는 것도 중요함을 깨달았기 때문이다. 이 원칙은 사업소득과 자본소득 모두를 활발하게 확장시켜갔던 2017년도 말에 세웠다. 이번 장에서는 그 이야기를 해보려고 한다.

──→ 자본소득과 사업소득, 철저하게 분리하자

광흥창역 인근 아파트 입주 후 1년 정도 지난 시점이 되니 부동산이며 사업이며 이것저것 벌려놓은 게 꽤 많아졌다. 바쁘다는 핑계로 대충 놔두면 안 되겠다 싶어 각 자산별 '운용 원칙과 앞으로의 계획'을 정하기로 마음먹었다. 자본소득과 사업소득 모두 운용 기준이 있어야 소득 간 충돌이 없을 것 같아서다. 그러기 위해서는 일단 벌려놓은 것들부터 점검이 필요했다.

① 자본소득의 경우

나의 자본소득 포트폴리오를 살펴보니 다양한 형태의 부동산을 보유했다는 장점이 있으나 월세 등 수익 창출이 어렵다는 단점이 있었다. 부동산을 구입하는 대로 갭투자나 레버리지를 이용해 다음 부동산 매수를 하다 보니 전세와 대출 비중이 압도적으로 높았다. 부동산 자산의 합은 높았지만 수익 메리트가 전혀 없던 것이다. 부동산 가격이 오르는 것 말고는 유의미한 결과를 기대하기 어려웠다.

자본소득 개선에 대한 계획이 필요했다. 먼저 다가구주택부터 변화를 주기로 했다. 다가구주택의 경우 전세 비중이 100%라 일단 자금이 생기는 대로 전세를 월세로 하나씩 돌려 수익화를 하기로 했다. 시간이 걸리더라도 월세 수익을 높여야 추후 매도 시 가치가 클 거라 판단해서다. 당장 월세로 돌릴 목돈이 없었기에 3년 정도의 시간을 가지며 진행해보기로 했다. 월세 수익률을 4~5% 수준에 맞추는 것으로 목표로 설정했다.

오피스텔 역시 장기적으로는 월세로 전환하는 계획을 세웠다. 단, 다가구주택 월세를 양성화한 이후 진행하기로 했다. 다가구주택은 토지가 100% 임대인 소유이기에 오피스텔에 비해 지분 가치가 더 크기 때문이다. 또한 다가구주택의 경우 건물을 통으로 활용할 수 있다는 측면에서 지분 가치에 수익률까지 더해져 매도 시 이익이 더 커질 거라 생각했다.

오피스텔은 호실별 보유 지분이나 규모 등 여러모로 다가구주택에 비해 가치가 떨어졌다. 대지 지분이 낮은 데다 구축이라 매도를 해도 시세 차익이 크지 않았다. 아파트 매수 즈음 매도했던 오피스텔 1채의 경우, 6,500만 원에 매수 후 2년 뒤 8,500만 원에 팔았다. 수익률로 보면 높았지만 절대적인 금액 자체가 작았다(하지만 부동산 정책 변화로 오피스텔 월세화는 결국 실현시키지 못한 채 매도했다).

② 사업소득의 경우

사업소득의 경우 매일매일 수익 창출이 가능하여 현금 흐름이 좋다는 게 장점이었다. 최대한 수익을 더 낼 수 있는 방안을 모색해야 했다. 하지만 '원부술집' 외 '모어댄위스키'와 '하루키술집' 등의 매출 성적이 좋지 않아 신규 수익 창출은 불가능에 가까웠다. 범위 안에서 생활비 충당 및 다음 사업 준비를 위한 자금을 마련해야 했다. 적으면 적은 대로 비용에 맞춰 움직이기로 했다. 그래서 무리하지 않고 '팝업술집 프로젝트' 등 예산 내에서만 새로운 사업을 추진했다.

리스크 분산 계획을 처음 세웠던 시기는 2017년 말경으로 작가나 강연자, 컨설턴트로 사업 영역을 확장하기 전이었다. 결국 사업소득의 중심을 공간(폐업)에서 콘텐츠 쪽으로 확장한 이후에야 안정적인 사업소득이 가능해졌다. 물론 그때부터 지금까지 사업소득은 자본소득에 비하면 상당히 작은 비중을 차지하고 있다.

자본소득	사업소득
오피스텔 3채 (1채는 아파트 매수 목적으로 매도. 3채 모두 전세로 운영 중)	**상암동 '원부술집'** (월 순익 280만 원 수준)
다가구주택 1채 (모두 전세로 운영 중)	**신촌 '모어댄위스키'** (월 순익 200만 원 수준)
마포 아파트 1채 (매수 당시 대출 비중 60~70%)	**홍대 '하루키술집'** (월 순익 -125만 원 수준)
	'팝업술집' 프로젝트 (별도 이익 없음)

▲ 내가 운용했던 자본소득과 사업소득 형태. 크게 7가지 형태를 관리했다(2017년 말 기준).

③ 운용 원칙

두 소득을 관리하며 정했던 첫 번째 원칙은 자본소득과 사업소득을 '절대 섞지 않는다'였다. 자본소득으로 번 금액은 자본소득에만 재투자하고, 사업소득으로 번 돈은 철저히 다음 사업을 위해서만 투자하기로 했다. 이렇게 정한 이유는 자본소득과 사업소득 모두 언제 상승할지, 또 언제 하락할지 모른다는 특성 때문이다.

자본소득과 사업소득 모두, 각각의 상승과 하락에 맞춰 자금을 운용하는 게 중요했다. 만약 사업소득이 많아졌다는 이유로 그 돈을 부동산에 투자하거나, 자본소득이 올라갔다는 이유로 이를 사업에 투자한다면 결국 이도 저도 아닌 결과가 나오겠다는 생각이 들었다. 성격이 다른 두 자산을 분리해 융통 및 관리해야 했다.

나의 경우에는 대체로 자본소득이 사업소득보다 컸기에 자본소득을 절대 사업에 투자하지 말자는 기준을 지키고자 했다. 사업에 욕심을 내 자본소득을 끌어들여 재투자를 한 후 결과가 좋지 못하면 감당해야 할 리스크가 너무 커지기 때문이다(물론 반대의 경우도 마찬가지다).

두 번째 원칙은 소득을 운용함에 있어 늘 '15~20%의 여유 자금을 준비하자'였다. 지금껏 오피스텔을 구입할 때도, 다가구주택을 구입할 때도, 아파트를 구입할 때도, '원부술집' 이후 가게를 오픈할 때도 늘 아슬아슬하게 예산을 맞추는 수준으로 준비해왔다. 예산 준비 과정 중 어느 하나라도 삐걱대는 순간, 계획이 실패로 돌아갈 확률이 컸다.

지금까지는 큰 문제가 없었지만 그건 그저 운이 좋아서였다. 향후 닥칠지 모를 재앙을 대비하기 위해 예비비 준비의 필요성을 절실하게 느꼈다. 새로운 자산을 획득하거나, 사업을 확장할 때 여유 자금 없이는 절대 시작하지 않기로 했다. 조금 시간이 걸리더라도 안전하게 자산을 운용하는 게 더 중요해졌기 때문이다.

나 역시 사업이 어려울 때 자본소득에 의존한 적이 한두 번 있었다. 원칙을 고집하자 결심했지만, 사업 확장 시 무리하게 초기 투자를 하여 오픈한 경험도 있다. 하지만 큰 틀에서 내가 정한 앞의 기준만큼은 철저히 지키고자 했고, 덕분에 시간이 흐른 지금은 어느 한 소득이 다른 소득의 성장을 방해하지 않고 자생적으로 성장하는 시스템이 구축되었다.

결과적으로 2021년 기준, 두 소득 중 자본소득 쪽에서 보다 더 큰 성장을 이루었다. 자본소득이 시장의 흐름을 잘 만난 덕분이다. 만약 자본소득을 사업에 재투자하는 데 활용했다면 이만큼의 자산 성장을 거두진 못했을 것이다. 물론 시장의 변화는 예측하기 어렵고, 1~2년 뒤에는 사업소득이 자본소득을 제치고 올라갈지도 모른다. 미래는 알 수 없지만 어떤 상황에서도 내가 정한 원칙을 지킨다면 균형 잡힌 성장을 쌓아갈 수 있을 것이다.

부동산 임대사업자에 대하여

앞에서 자본소득과 사업소득을 나눠서 이야기했는데, 이 두 가지가 결합한 형태의 사업도 있다. 바로 '부동산 임대사업자'이다. 부동산 투자를 계획한 사람이라면 임대사업자 제도에 대해서도 필수적으로 알아야 한다. 부동산 매수와 매도 시의 세테크도 중요하지만, 운용하는 동안에 실질적으로 지켜야 할 세금 및 법규 부분에 대해서도 숙지해두어야 한다.

임대사업자는 크게 두 가지로 분류가 가능하다. 관할 구청에 신청하는 주택임대사업자, 세무서에 신청하는 일반임대사업자로 나뉜다. 주택임대사업자는 주거용으로 전입신고를 하여 주거지로 사용할 수 있는 주택을 보유한 사업자로, 전세 혹은 월세의 임대사업을 할 수 있다. 일반임대사업자는 업무 목적으로 임대를 해주는 사업자다.

세입자 입장에서는 전입이 가능한가 불가능한가에 따라 구분이 된다. 전입이 가능하다면 주택임대사업자, 불가하다면 일반임대사업자와 계약했다고 보면 된다. 일반임대사업자는 부가세를 포함해 월세를 받기 때문에 반기별 부가세 신고가 가능하다. 주택임대사업자는 취득세 감면 혜택 및 종합부동산세 합산 배제 혜택 등이 있다. 단, 임대 의무 기간을 지키지 못할 경우 매도 시 3천만 원의 과태료를 내야 한다.

	주택임대사업자	일반임대사업자
등록 절차	주택임대사업자 등록 (주소지 관할 시청, 군청) 간이과세사업자 발급 (관할 세무서)	일반과세사업자 발급 (관할 세무서)
주택 수	포함	미포함 (1세대 1주택 자격 유지, 거주시 포함됨)
임대 의무 기간	10년	10년
임대소득세	2,000만 원 이하 임대소득세 분리과세 적용	월세에 대한 부가가치세 10% 신고 납부
재산세	2채 이상 임대 목적으로 등록한 경우만 해당 (4년/8년에 따라 다르게 적용)	과세 해당 (연간 0.25%씩 개별 과세 처리)
종합 부동산세	합산 배제	과세 제외
임대료 증액 제한	5%	없음 (상가임대차보호법에 적용될 경우 5%)

자산 포트폴리오:
모험을 통해 완성된 나만의 자산

────● **전체 목표 자산과 비율을 세팅하다**

근로소득에서부터 사업소득을 거쳐 자본소득까지⋯ 나만의 의미 있는 자산을 일구기까지 자그마치 15년이라는 시간이 걸렸다. 자산 30억 원이라는 숫자를 달성하고 나니 어느 정도 성장의 한 모멘텀이 완결되었다는 생각이 들었다.

자산 규모가 커지다 보니 총 자산 중 현금성 자산(주식 등 유동성 자산 포함) 비중을 얼마로 해야 할지도 기준을 정해야 했는데, 나의 경우 10억 원 규모로 설정했다. 그렇게 부동산 자산과 현금성 자산의 비율을 6.5:3.5 비율로 맞췄다. 이 비율은 KB에서 발행한 2020년 부자 보고서에서 꼽은 부동산과 현금성 자산의 이상적인 비율이기도 하다.

물론 자산 총액과 자산별 배분 기준은 개인마다 차이가 있을 수밖에 없다. 이 기준은 철저하게 나와 남편의 기준일 뿐 가구마다 조금씩 다를 것이다. 단, 우리 부부는 여기에 한 가지 조건을 더했다. 10억이라는 현금성 자산은 철저하게 투자 용도로만 활용하자는 것이다. 기본적인 생활비 등 모든 지출은 나의 사업소득과 남편의 근로소득으로 해결한다는 게 전제 조건이었다. 월별 필요한 비용은 매달 벌어들이는 부부의 소득으로, 자산은 철저히 자산 증식의 목적으로 사용되도록 분리하기로 했다.

현금성 자산 증식을 위해서는 '복리의 마법'을 활용했다. 투자에 관심이 있는 분들이라면 이 말을 많이 들었을 텐데, 쉽게 말해 내 자산에 '72 법칙'을 적용해보는 것이다. 이 계산으로 내 기준 자산과 복리 %에 따라 자산 총액이 두 배로 늘어나는 시간을 계산해볼 수 있다. 가령, 복리가 5%일 때 자산이 두 배가 되는 시점을 알고 싶으면 72를 5로 나누면 되는데, 이 경우 총 14.4년이 걸린다. 복리가 높을수록 2배가 되는 시간은 점점 줄어든다.

나의 경우 목표치로 복리 5%를 정했는데(보수적으로 잡았다), 현금성 자산 10억이 2배가 되는 시기를 역산하니 연평균 7천만 원가량

의 수익이 나왔다. 2020년부터 주식 투자를 통해 연평균 수익률을
10% 이상 달성했으니, 변동성을 감안하더라도 복리 5% 기준의 자
산 증식 속도는 안전하게 감당할 수 있겠다는 결론이었다.

──── 수입과 지출에 대해 계획을 세우다

월평균 수익을 어떻게 운용할지도 정했다. 직장을 다니는
남편과 달리 나의 경우 수입이 일정하지 않았다. 2021년 하반기 기
준 나와 남편의 수입을 합해보니 대략 월 1,400만 원 정도였다. 전
체 수입을 10이라 했을 때, 남편의 근로소득이 4, 나의 사업소득이
6(기업 자문 및 컨설팅료 등) 비중이었다.

소득이 남는다면 추가 저축 및 투자를 할 수도 있겠으나, 필수로
하지는 않기로 했다. 근로소득 외 변동성도 있고, 남편이 회사를 그
만두거나 쉬는 옵션도 있기 때문이다. 그래서 버는 금액에 대해서는
100% 지출을 해도 무방하다 결정했고, 소득의 변동성을 고려해 그
때그때 지출 비중을 조율하기로 했다.

	운용 방식	연 수익(목표 수익)
현금 자산 (10억 원)	투자를 통한 목표 복리 달성(5%), 지출로 쓰지 않는 자산 증식 목적의 돈	연평균 7천만 원 (10년 후 20억 달성 목표)
부부 합산 소득	생활비 포함 100% 지출로 사용한다. (소득 변동성이 크기 때문)	월평균 1,400만 원
부동산	레버리지를 활용해 시장 환경에 맞게 투자	시장 상황 반영

▲ 나와 남편이 정한 대략적인 현금 자산, 소득, 부동산 운용 방식. 부동산은 시장 상황을 반영하기로 했다.

물론 이러한 결론을 얻으려면 가족의 생활 패턴과 라이프 스타일을 제대로 점검해봐야 한다. 또한 함께 사는 구성원과의 미래 계획도 따져봐야 한다. 가구마다 사람마다 모두 구체적인 상황이 다르기 때문이다. 만약 자녀가 2명이 있고 성인이 될 때까지, 혹은 결혼 자금까지 필요하다면 현금 10억 원은 부족할 수 있다. 만약 결혼을 안 한 싱글이라면 5억 원 전후로도 충분할 수 있다.

우리 집은 나와 남편으로 구성된 2인 가족이다. 남편은 정년이 보장된 회사를 다니지만, 그만둘 수 있다는 옵션을 가지고 있다. 자녀에 대한 계획은 당장엔 없다. 물건 등 소비에 대한 지출은 제로에 가까운 대신, 외식, 여행 등 경험에 돈 쓰는 것을 아끼지 않는다. 이와 같은 소득과 소비에 대한 우리만의 기준을 바탕으로 알맞은 자산 목표 및 속도를 설정할 수 있었다.

자산 포트폴리오를 완성하다

이와 같은 과정을 거쳐 완성한 현재 기준 우리 집의 자산 포트폴리오는 다음과 같다.

주식 투자	현금	암호 화폐	부동산	리조트 분양권	총합
6억 원(나) 3억 원(남편)	2억 원	5천만 원	19억 5천만 원	1억 원	32억 원

- **주식 투자**
  해외 주식과 일부 US달러 금액이 포함된 금액이다.
  2022년 2월 중순경 국내 주식 전체를 매도해 현금 비중을 높여둔 상태다.
  (2022년 테이퍼링 및 금리 인상 이슈에 대비하고자 위함)
  주식에 손을 뗐던 남편은 2021년 말부터 다시 투자에 합류했다.

- **현금**
  입출금 통장을 통해 활용할 수 있는 금액이다.
  투자의 하락에 대비함과 동시 신규 투자를 위해 남겨두었다.

- **암호 화폐**
  비트코인과 이더리움 및 NFT 종목을 중심으로 투자하고 있다.

- **부동산**
  매수한 마포 아파트와 월세로 이사 간 아파트의 보증금 등을 합한 금액이다.
  신규 임차인의 전세 보증금 8억이 포함되어 있다.

- **리조트 분양권**
  여가 시간이 많아지면서 분양권 구입을 결심하게 되었다.
  2023년 완공 예정이라 전체 금액 중 일부만(1억 원) 들어간 상태다.

▲ 완성된 자산 포트폴리오. 부동산과 현금성 자산 비중이 65:35 정도다.

언제든 투자할 수 있는 현금을 일부 남겨두되 경제 상황 및 변화에 맞춰 자산 비중을 조정하기로 했다. 지난 15년간 늘 턱밑까지 차는 아슬아슬한 투자를 진행했다면, 이제는 어떤 상황에도 대비할 수 있는 안전한 투자를 하자는 쪽으로 기울었다. 장기적 안목으로 꾸준한 투자 활동을 지속하는 것의 중요함을 깨달았기 때문이다.

만약 투자에 대해 복잡한 생각을 하고 싶지 않다면 과감하게 투자를 하지 않는 것 또한 방법이다. 투자는 생각보다 많은 공부와 시간을 필요로 한다. 실제로 하루의 꽤 많은 시간을 투자와 관련해 보내야 할 때도 있다.

쉽게 돈을 버는 방법은 세상 어디에도 없다. 당연한 말이지만, 돈을 벌려면 그만큼 시간과 노력을 들여 투자해야 한다. 돈이 나를 위해 일하는 구조로 만들려면 특히 초반에 상당한 에너지를 쏟아야 한다. 어느 정도 투자 사이클이 생긴 이후에야 내가 원하는 방향으로 자유로운 설정이 가능해진다. 자산 증식은 노력이 받쳐줄 때 운과 시너지가 난다.

경제 공부를 시작할 때 도움이 되었던 콘텐츠들

제대로 경제와 주식을 공부하기 전에는 투자를 할 때 웹서핑과 감각에 의존하곤 했다. 하지만 여러 분야의 책을 읽으며 그동안 내가 얼마나 엉터리였는지 깨닫게 되었다. 이후 꾸준히 공부한 덕에 투자에 대한 나름의 체계가 생겼고, 경제 흐름을 보는 눈이 약간이나마 생겼다. 그럼에도 경제는 여전히 어렵고, 공부에는 끝이 없다. 책, 유튜브 등 꾸준히 투자와 관련된 양질의 정보들을 찾아봐야 한다.

본문에서도 언급했지만 로버트 기요사키의《부자 아빠 가난한 아빠》는 나의 돈에 대한 개념을 송두리째 바꿔놓은 책이었다. 어렸을 때 경제 교육을 받지 않고 자라온 대한민국 문과생으로서 경제에 대해 새로운 눈을 뜨게 해준 책이다. 유명 부동산 커뮤니티에 투자에 대한 통찰을 담은 글을 꾸준히 올려 큰 호응을 받고 있는 브라운스톤(우석)의《부의 인문학》도 돈에 대한 태도와 마음가짐을 정립하는 데 도움을 받은 책이다.

요즘은 유튜브 채널을 통해서도 많은 정보를 얻을 수 있다. 초보자에게는 '슈카월드'를 추천한다. 경제 전반에 대해 쉽고 재미있게 이야기해주는 채널이다. 어느 정도 지식이 쌓이면 박종훈 기자가 진행하는 '경제한방'을 비롯, '김작가TV', '삼프로TV' 등을 추천한다. 부동산과 관련해서는 '부동산 읽어주는 남자'와 '월급쟁이부자들TV'를 보면 도움이 될 것이다.

개인적으로 박종훈 기자와 이진우 기자의 진행을 선호하는 편이다. 박종훈 기자는 한국은행 출신 기자라 경제 전반에 대한 소재들을 다양하게 짚어준다. 이진우 기자는 라디오 프로그램인 '손에 잡히는 경제(손잡경)'를 진행할 때부터 팬이었다. 페이스북에도 글을 자주 올리는데 좋은 내용이 무척 많다. 페이스북 친구가 아니어도 볼 수 있으니 참고하기를 바란다.

지속 가능한 돈은 '추진력'을 통해 완성된다

───→ 하고 싶은 일만 하며 먹고사는 삶

하고 싶은 일만 하며 먹고산다는 것. 우리 모두가 바라는 이상적인 모습이 아닐까? 책을 쓰는 동안 돌이켜보니 내가 살고 싶은 삶의 방향도 궁극적으로는 '시간을 자유롭게 쓰는 것'이었다. 근로소득과 사업소득이 우선이던 시절, 나를 힘들게 했던 일들의 근본적인 원인은 온전히 내 시간을 쓰지 못하는 데 있었다. 정해진 시간에 묶여 결과 모를 성장을 향해 치열하게 사는 삶은 이제 그만두고 싶었다.

최근 '파이어족'이나 '경제적 자유' 등의 단어들이 유행처럼 번지고 있다. 명명하는 이름은 다르지만, '돈을 벌기 위해 시간을 저당 잡히지 않는 삶'을 지향한다는 점에서 본질적으로 모두 같은 말이다. 사람들마다 그 기준과 목표는 다르겠지만 내 경우에는 이제 그런 삶에 어느 정도 가까워졌다는 생각이 든다. 나만의 자산 시스템을 세팅한 후, 돈을 벌기 위해 아등바등 애쓰는 마음이 사라졌기 때문이다. 당신도 그런 삶을 꿈꾸고 있다면 안정적인 자본소득을 획득하며 돈이 나를 위해 일하는 시스템을 반드시 갖춰야 한다.

지난 15년간의 여정은 돈에 대해 탐구하는 시간이었다. 근로소득에서 시작해, 사업소득과 자본소득을 거치며 나는 돈의 속성에 대해 제대로 이해하는 순간들을 경험했다. 그 결과, '나만의 자산 성장곡선'을 만들 수 있었다. 하지만 이것은 하나의 패턴을 만든 것에 지나지 않는다. 자산은 나에게 맞는 방향성과 방법을 찾아 꾸준히 성장시켜야 하는 존재이기 때문이다. 마치 살아 숨 쉬는 생물처럼 말이다. 이 매력적인 생물이 멈추지 않고 건강하게 성장 가능한 생태계를 일궈나가야만 시간을 자유롭게 쓰는 삶 역시 가능해진다.

새로운 돈의 씨앗이 자랄 토양을 확보하고, 그 토양에서 새로운 수익이 창출될 수 있도록 끊임없이 물을 주고, 좋은 볕과 바람을 쏘여주는 노력이 필요하다. 이 과정을 누군가의 도움이 아닌 스스로의 힘으로 컨트롤할 수 있을 때 비로소 지속 가능한 돈이 만들어진다.

성장하는 자산 생태계를 만드는 일에는 리스크 관리에 대한 매뉴얼도 포함된다. 늘 상승만 하는 자산은 없기 때문이다. 때론 횡보하고 하락하기도 하며 간혹 폭락을 경험하기도 한다. 그럴 때 내 나름대로 대비할 수 있는 기준과 방법을 정해두어야 한다. 기준을 정해야 하락 시기에도 심리적으로 덜 흔들릴 수 있다.

──● 이렇게까지 힘들게 돈을 벌어야 합니다

얼마 전, 초고를 본 지인이 나에게 이런 우스갯소리를 던진 적이 있다. "아니, 이렇게까지 힘들게 돈을 벌어야 해?" 나는 돈을 버는 건 한 분야에서 성공하는 것만큼이나 굉장히 어려운 일이라고 생각한다. 만약 주변에 투자의 귀재가 있다면, 그건 그 사람의 타고난 재능일 것이다.

나는 그만큼의 재능이 부족했는지(이 책에서도 낱낱이 밝혔지만) 목표한 자산을 벌기까지 단 한 번도 순탄한 적이 없었다. 하지만 어렵게 자산 확장을 이룬 만큼, 그것을 잘 지키는 과정에서도 나만의 노하우를 만들어낼 수 있었다.

이제부터 나는 다시 어려운 길을 도전해보려 한다. 월세살이부터 시작하며 새로운 투자 사이클을 준비하기 위해서다. 다만 예전과 차이가 있다면 내가 운용할 수 있는 자산의 규모와 종류가 훨씬 더 크고 다양해졌다는 것이다. 미지의 영역에 들어서며 지금까지 내가 해온 것 이상의 좋은 투자 성적을 내길 다시 기대해볼 시기다.

마지막으로 지금까지의 내 이야기를 통해 평범한 사람도 의미 있는 자산 확장을 이룰 수 있다는 사실에 용기를 얻는 분들이 많았으면 좋겠다. 나 역시 처음부터 무슨 대단한 확신을 가지고 투자를 시작한 건 아니었다. '일단 해보자. 아님 말고' 자세로 단계마다 무엇이든 행동으로 옮긴 것이 지금의 결과를 만들었다. 나의 지속 가능한 돈은 수없이 행동으로 옮긴 '추진력' 때문에 가능했다.

독자 분들 중 만약 망설이며 선뜻 시도해보지 못한 일이 있었다면 무엇이든(그것이 창업이든 투자든) 용기를 내어 한 발짝 내딛어보시길 바란다. 행동하기 전에는 절대 아무 일도 일어나지 않기 때문이다. 비록 실패를 하더라도, 기대에 미치지 못한 결과가 나오더라도 그것이 다음의 성공을 위한 발판이 된다고 나는 믿는다. 오늘부터 'Just do it!'. 당신의 새로운 시작에, 나의 또 한 번의 새로운 시작에 모두 행운이 가득하기를 바라본다.

월급, 사업, 저작권, 컨설팅,
부동산, 주식, 자산 운용으로 이어지는
7 Stages 투자 공부법

**월급쟁이로 시작한
38살 그녀는 어떻게
30억을 벌어
파이어족이 되었을까?**

초판 1쇄 발행 2022년 3월 29일

지은이 원부연
펴낸이 민혜영 | **펴낸곳** (주)카시오페아 출판사
주소 서울시 마포구 월드컵로14길 56, 2층
전화 02-303-5580 | **팩스** 02-2179-8768
홈페이지 www.cassiopeiabook.com | **전자우편** editor@cassiopeiabook.com
출판등록 2012년 12월 27일 제2014-000277호
편집 최유진, 이수민, 진다영, 공하연 | **디자인** 이성희, 최예슬 | **마케팅** 허경아, 홍수연, 변승주
책임디자인 강수진

ISBN 979-11-6827-028-2 03320

- 잘못된 책은 구입하신 곳에서 바꿔 드립니다.
- 책값은 뒤표지에 있습니다.